Personal Activity Intelligence

个人运动智能

14周体验时光倒流

〔挪〕乌尔里克·韦斯洛夫 著

管小红 译

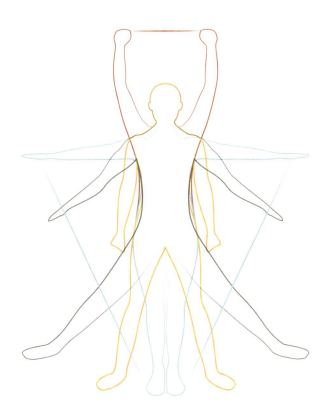

中国科学技术大学出版社

内容简介

本书是挪威科技大学医学和健康科学学院乌尔里克·韦斯洛夫教授关于他所发明的个人运动智能(PAI)理论及其应用的系统阐述。通过循序渐进的14周的运动计划和智能可穿戴设备的辅助,指导读者根据自身特点科学地运动,享受运动的乐趣并获得健康的人生。

本书适合关注运动或者体育锻炼的读者参考,更加推荐给可能缺乏运动的"上班族"人士阅读和使用。

图书在版编目(CIP)数据

个人运动智能:14周体验时光倒流/(挪)乌尔里克·韦斯洛夫著;管小红译.—合肥:中国科学技术大学出版社,2020.1

ISBN 978-7-312-04794-7

Ⅰ.个… Ⅱ.①乌… ②管… Ⅲ.健身运动—基本知识 Ⅳ.G883

中国版本图书馆CIP数据核字(2019)第221246号

出版	中国科学技术大学出版社 安徽省合肥市金寨路96号,230026 http://press.ustc.edu.cn https://zgkxjsdxcbs.tmall.com
印刷	合肥市宏基印刷有限公司
发行	中国科学技术大学出版社
经销	全国新华书店
开本	787 mm×1092 mm 1/16
印张	12
字数	162千
版次	2020年1月第1版
印次	2020年1月第1次印刷
定价	58.00元

序1

时至2014年10月,我已为《纽约时报》写了6年多关于健康和运动科学的专栏。每周的专栏都很受欢迎,每周有成千上万甚至数十万的读者下载并通过电子邮件将其发送给世界各地的朋友和家人。

我在读了乌尔里克·韦斯洛夫(Ulrik Wisloff)博士撰写的一篇关于健康如何影响寿命的研究报告后,写了一篇关于这项研究及其影响的文章,它几乎瞬间红遍整个网络。我写的这个专栏向《纽约时报》的读者们和他们的熟人介绍了"健康年龄"的概念以及健康状况会对我们的寿命产生多么深远的影响。它在上线的第一周就被下载了100多万次;在发布的第一个月,转发次数超过200万次。

更令人印象深刻的是,我们在文中加入的在线健康计算器链接几乎使《纽约时报》的网站瘫痪。这个计算器是韦斯洛夫博士和他的同事们开发的,可以让人们确定自己的"健康年龄"是否与实际年龄相符,是超过还是低于实际年龄。它为人们提供了一种简单、实用、易懂的方法,来测试他们的健康状况。

《纽约时报》的读者们喜欢这种方式。数百万人点击了计算器,其中有相当一部分人发电子邮件告诉我,当他们得知自己的健康年龄比实际年龄低时是多么高兴。从健康的角度来看,他们还很年轻。

但我也收到了其他一些读者的来信,他们沮丧地发现,自己的健康年龄远远超出了自己的预期。例如,他们的实际年龄为40岁,但他们的健康年龄却为50岁或62岁。

因此，他们都迫切地问，他们能做些什么来降低健康年龄，提高耐力，并在此过程中延长寿命。

本书解开了这些谜团，我多希望能在2014年就让读者们读到这本书。它包含了韦斯洛夫博士及其同事在数十年研究人身体状态良好和不佳的情况下，人体及其内部运作方面所获得的基于科学的智慧。

本书为我们所有人提供了规划生活和锻炼所需的基本信息，让我们有机会活得更长久和健康。它提供了可靠的、基于研究的关于精确的运动量和运动强度的知识，对我们每个人来说，这都应该是最有效的。

本书教给我们关于个人运动智能（Personal Activity Intelligence，简称PAI）的概念，这可能是我在多年的健康和健身写作中遇到的最有用的健身方法。PAI使用一个简单的积分系统来指导我们通过正确地结合步行、慢跑、骑车、举重和简单的多走动等运动来改善我们的健康、体型和延长寿命。

从本质上讲，本书回答了我从那些担心自己健康的人那里最常听到的一句话："帮帮我，我真的想变得更健康，但我不知道该怎么做！"他们，还有我们所有人，都想用简单易行的方法来让自己更健康，从而拥有更好的身材。

本书和PAI系统使健康变得简单，几乎没有痛苦。是的，我们必须要运动，偶尔可能也需要流汗。本书和PAI系统使我们可以看到努力的结果，最终的回报更是无法言喻的。我们可以获得信心、力量、耐力，甚至是"时光倒流"。

我的手机上有PAI应用程序，在过去的5年里，从我第一次接触韦斯洛夫博士和健康计算器以来，我一直在按照他和他的研究所推荐的方式努力锻炼。5年前，我的健康年龄比实际年龄小16岁。今天，我老了5岁，但我的健康年龄却比实际年龄小了27岁。

格蕾琴·雷诺兹（Gretchen Reynolds）
美国《纽约时报》记者
2019年10月

序2

近40年来，我们一直强调体力活动(Physical Activity,简称PA)、锻炼，尤其是有氧心肺耐力(Cardiorespiratory Fitness,简称CRF)对身体健康和寿命的重要性。最近，我们在许多场合强调，在21世纪低水平的PA运动和低CRF可能是对健康的最大的威胁。当然，全世界都需要做出巨大的努力来减少久坐/缺乏锻炼的行为去提升PA，这尤其会使CRF水平得到改善，因为CRF水平可能是整体心血管疾病(Cardiovascular Diseases,简称CVD)以及全因生存率的最强预测因子。

在乌尔里克·韦斯洛夫教授的带领下，来自挪威的同事们通过对个人运动智能(PAI)革命性的研究和开发，为运动医学领域带来了新的启发。韦斯洛夫教授和他的同事们在几家世界一流的医学和科学杂志上发表的文章中证明，PAI有助于预测PA和运动水平，而这些指标是人们远离心血管疾病、改善健康和延长寿命所必需的。

当然，我们都强调，任何运动都比不运动好，但韦斯洛夫博士的PAI技术可以使个人实现PA最大化，并通过运动来增加心率，从而获得足够的PAI指数，同时改善CRF并提高生存率。本书解释了使用PAI可以最大限度地提高个人的PA和运动强度，以此有望提高CRF、改善健康和延长寿命。我们将这一成果强烈推荐给全球人民，本书对世界上人口最多的国家中国会有极大的帮助。

卡尔·J. 拉维（Carl J. Lavie）
医学博士，美国奥克斯纳临床学校运动实验室和
预防心脏病学医学主任

史蒂文·N. 布莱尔（Steven N. Blair）
体育教育博士，美国南卡罗来纳大学
阿诺德公共卫生学院运动科学系
2019年10月

目　录

序1 ·· i
序2 ·· iii
健康年龄之旅 ··· 1
14周让时光倒流 ·· 3
测试周　出发前 ·· 4
第1周　启动你的引擎! ··· 14
第2周　我们开始吧! ·· 23
第3周　过渡周 ··· 32
第4周　运动开始变得艰难! ··· 43
第5周　越来越难! ··· 53
第6周　几乎快进行一半了! ··· 65
第7周　适应 ·· 79
测试周　半程中点 ·· 85
第8周　开始冲刺 ·· 96
第9周　强化你的核心 ··· 106
第10周　接近健康年龄 ··· 120
第11周　先锻炼，再躺沙发 ··· 130

第12周　1分钟成功·································139

第13周　快实现目标了·····························149

第14周　迎接你的健康年龄·······················166

最后的测试周　你的身体比实际年轻吗？············177

致谢··183

健康年龄之旅

如果一位你很信赖的朋友告诉你有一种药,可以让你余生年轻、健康和快乐,还能比正常寿命多活8年,你会吃这种药,对吧?

但如果这不是药,而是体现在你的智能手机、腕式心率跟踪器或带心率监测功能的智能手环上的一个有关心脏机能的数字呢?你所要做的就是通过运动使这个数字始终保持在100或更高。

人是为运动而生的,本书将教你如何根据个人特点聪明地运动。这就涉及一个概念——个人运动智能(PAI)。这一概念现已被世界一流的研究所证实。

本书将介绍有关PAI的工作原理以及它的测量方法,但首先要向大家介绍的是我的另一个创新概念——**健康年龄**。

我认为,健康年龄是生物年龄的最佳衡量标准,因为它现在已经被确定为当前和未来一段时间内个人健康的最佳预测指标。健康年龄是根据你的最大摄氧量,即健康指数而计算出来的,单位为毫升/(千克·分)[mL/(kg·min)],它表示每千克体重每分钟消耗的氧气量。如果一个60岁的人具备40岁人的平均健康水平,那我们就说这个人的健康年龄是40岁。本书将教你如何评估自己的健康年龄。

一起开始我们的*健康年龄之旅*吧!

14周让时光倒流

现在一些老年人拥有年轻人的健康年龄,相反,许多年轻人的健康年龄却是他们实际年龄的两倍。这就意味着,身体状态上的时光倒流是完全可能的!虽然你可能会陷于铺天盖地的锻炼建议和媒体有关最佳锻炼方式的频繁争论中,但是让自己变年轻比你想象的要简单得多。25年来,我一直在研究各种训练方法,以确定哪一种训练方法对提高身体素质最有效。我相信,我的建议将改变你对运动的看法和感观。

现在,我邀请你加入为期14周的健康年龄之旅。我将结合PAI这一概念中的知识和健康年龄运算公式,让你获得更高的健康水平和更好的生活方式。也希望你能学到一些关于自身健康的知识,明白我建议你做某些运动的原因。

所以,系紧鞋带,准备开始*运动*吧!

出发前

　　开启健康年龄之旅前,你需要列一份健身清单,在第7周和第14周后还可以进行重复锻炼。每次健身都要做笔记,并记录结果。

周一

选择合适的运动

你可以找一个合适的区域进行喜欢的运动。唯一的要求是,运动必须是覆盖大肌肉群活动的动态运动(如散步、跑步、划船、游泳等),并且至少要持续10分钟。最后还要记录在这段时间内完成的结果。

用尽全力!

尽可能快!

尽可能远!

记录下你的成绩吧!

周三

功能性力量训练

1 俯卧撑。可以是跪姿俯卧撑,也可以是标准俯卧撑。如果你现在做不了这两种,可借助一面墙或者一道栅栏来进行站立练习。要尽可能多做一些。

2 **平板支撑**。用手肘或手掌撑地进行。尽可能久地保持这个姿势。

3 **后背平板**。尽可能久地保持这个姿势。

4　**静态深蹲**。双脚分开,与肩同宽,脚尖正向前。背靠墙壁站好。体重平均分配在两条腿上。缓慢地下蹲,到大腿与小腿呈90°为止,尽可能久地保持这个姿势。

5　**常规仰卧起坐**。屈膝平躺,双脚平放于地面。双臂交叉放在胸前,手碰反方向的肩膀(右手放在左肩上,左手放在右肩上)。先抬起头,然后抬肩膀。收紧腹部肌肉,慢慢地坐起来,其间保证脚不离地。保持这个姿势一会儿,然后慢慢地躺回去。如果你坐不起来,也没关系,只需让脚贴着地面,上身尽量离地,保持一会儿,然后慢慢地躺回地面。

周五

力量等身体机能是健康的重要指标。你除了要为接下来的14周做好准备,还要准确测量健康年龄和PAI得分,因此,在开始之前我强烈建议再做一些测试。第三天的测试有三个阶段:放松——高强度——计算个人健康年龄。

静息心率

你可以在一个安静放松的环境中平躺10分钟,之后使用心率监测器测量所得的最低每分钟脉搏数就是静息心率。也可在躺下后,用两根手指按住脖子任一侧的动脉30秒,记录脉搏跳动次数,然后乘以2,从而得到静息心率。

大多数腕式心率监测器可以24小时连续测量你的心率,测量的最低记录值即为你的静息心率。

最大心率

一个简单方法是进行穷尽性运动测试。首先,充分地热身,直到你开始出汗,这很重要。然后,做两组4分钟时长的有氧运动。运动时,你应该处于呼吸短促而不能说话的状态。每组有氧运动之后进行大约3分钟散步或慢跑。然后开始第三组运动,在2分钟内将速度提高起来(跑步机增加配速1~2千米/时或功率自行车增加25~50瓦),然后一直运动到筋疲力尽。如果你不确定自己的心脏健康状况,应该在进行穷尽性运动测试前咨询医生。

测试中所得的最高心率即为你的最大心率。如果你的智能手环有心率监测功能,那么只要记下最高心率就可以了。也可用两根手指按住脖子任一侧的动脉30秒,记录脉搏跳动次数,然后乘以2,从而得到最大心率。

如果你不想在第1周就挑战极限,那么还有另一个选择。我的研究小组通过测量3320名年龄在19~89岁之间的健康成年人的最大心率,推导出了一个无须流汗就可以计算出最大心率的公式,即

$$最大心率 = 211 - 0.64 \times 年龄$$

对大多数人来说,这个公式比传统的"220-年龄"公式更准确。

注意! 即使选择用公式计算你的最大心率,我也强烈建议你在前7周找时间做上述运动来进行测试。无论哪种情况,继续完成剩下的测试吧,后面你将发现最大心率的重要性。

身体质量指数

身体质量指数(Body Mass Index,简称BMI)通常用来衡量体重情况:体重过轻(BMI<18.5)、正常体重(18.5≤BMI≤24.9)、超重(25.0≤BMI≤29.9)、肥胖(BMI≥30)[*]。计算BMI的公式是

$$BMI = \frac{体重(千克)}{[身高(米)]^2}$$

---

[*] 此数值为世界卫生组织制定的BMI界限值。对于中国成人来说,国内有不同的标准:体重过轻(BMI<18.5)、正常体重(18.5≤BMI≤23.9)、超重(24.0≤BMI≤27.9)、肥胖(BMI≥28.0)。

例如，一个体重90千克，身高1.75米的人，BMI是 $\frac{90}{1.75 \times 1.75} \approx$ 29.4。

腰围

正常呼吸，在正常呼气后用卷尺测量肚脐位置腹部的周长。重复2~3次，取平均值。成年男性的腰围最好不要超过94厘米，成年女性的腰围最好不要超过80厘米*。

测试你的健康年龄

超过700万的人使用过我的健康年龄测试方法。事实上，美国心脏协会推荐使用这个测试方法。几周后，你会了解这个测试的重要性以及它能准确测试你的健康年龄的原因，但现在你只需要登录这个网站，就可以免费在线测试：

www.worldfitnesslevel.org

你的健康年龄比实际年龄大吗？别担心！在14周内，我保证你的健康年龄将大大降低。你的健康年龄比实际年龄小吗？太棒了！这个训练也会让你受益匪浅。

在开始之前，还要做两件事：

1. 提前制订中途退出的补救计划

你因为这样或那样的原因退出了训练，再次运动时需先进行第1

---

* 此数值为世界卫生组织制定的腰围标准。对于中国成人来说，建议男性腰围不超过90厘米，女性腰围不超过80厘米。

周内容的训练,然后跳到你断开的地方继续训练。如果你认为持续的训练对你来说太难,可以随时增加1周或2周的休整时间,但要确保能继续完成整个训练。

2. 让计划实施起来

告诉你的朋友们,你将用14周完成一段减龄之旅。在敲定确切的日期以后再开始哦!

生命的节拍

心脏每天跳动约10万次,一年跳动约3600万次,75岁寿命的人一生心脏约跳动27亿次。在测试周,你学会了测量静息心率和最大心率。现在来看看这些指标实际上告诉了我们什么以及我们应该如何利用它们来让锻炼达到最佳效果吧。

锻炼你的静息心率

心率每分钟都会变化,它取决于你是站着还是躺着,是走动还是静坐,是紧张还是放松,等等。但是,静息心率每天都趋于稳定。它是指完全放松时一分钟内的心跳次数。

长期以来,静息心率被当成健康状况和健康水平的一个指标。这主要是因为静息心率间接反映了心脏的工作能力。我们的训练可以降低静息心率,特别适用于训练开始时静息心率高于正常值的人群。我的研究表明,静息心率持续10年以上增加的人,随着年龄的增长,死于心脏病的风险是那些将静息心率调整到正常范围内并保持稳定的人的两倍。

正常的静息心率是每分钟60~100次，而大多数人每分钟低于90次。因此，每分钟超过90次的静息心率通常被认为是高静息心率。心率很容易测量，定期检查静息心率可能是一个很好的健康检测方法。

根据最大心率进行锻炼

最大心率是指每分钟心脏可以负荷的最高心跳次数。静息心率受生活方式的影响，如体育运动水平、是否吸烟和饮食习惯，而最大心率是天生的，每两年降低一个台阶。

由于最大心率依赖于基因，因此很难进行测算，只能估算。传统公式"220-年龄"低估了真正的最大心率，可能会出现测算出的心率和实际心率有每分钟40次的误差。我在前面给出的公式更好，但仍不完美。这就是我建议读者在计划的前7周通过强迫自己运动到极限来测量最大心率的原因。

由于最大心率并不能反映你的健康水平，你可能会想知道我为什么强调测量它的重要性。你很快就会知道，依据最大心率可以很好地优化训练课程。此外，最重要的是，如果知道真实的最大心率和静息心率，你将能够追踪自己的个人运动智能指数——它是保持长期健康的重要指标。

本书将详细介绍PAI。现在，让我们一起运动吧！

启动你的引擎!

第1周

第1周的重点是慢慢开始,做好热身运动,以免受伤。尽管是慢慢开始,但很多人的肌肉可能仍会有酸痛的感觉。

在开始之前,我想说几件事:

❖ 每周的锻炼都从周一开始,只是为了表明你需要在两阶段训练之间休息几天,好让你的身体对每个阶段的训练做出反应。所以,你可以随意改变日程安排。

❖ 选择步行或跑步作为健身计划的一部分只是一个建议,只要是涉及大肌肉群的动态运动(如骑车、划船、游泳、越野、滑雪等),都是一样有效的。

❖ 虽然在没有心率监测器的情况下也可以进行涉及最大心率百分比的训练计划,但是使用监测器不仅能使结果更精确,而且训练的效果可能会更好。最重要的是,你还需要用心率监测器来测量每周的PAI得分,所以强烈建议你在开始的7周内配置一个心率监测器或带心率监测功能的智能手环。

周一

耐力训练：4分钟启动

① 热身15分钟——慢跑或快走，让身体稍微出汗。最好选择在设置了倾斜度的跑步机上或者在上坡时慢跑，这样可以让你的心率上升得更快，并减少膝盖受到的压力。

② 上坡步行或跑步4分钟，让自己感到疲倦和喘不过气来。如果佩戴了心率监测器，那么你的心率应该在4分钟的训练结束时达到最大心率的85%~90%。如果没有心率监测器或者此时不想使用心率监测器，那么运动强度应该非常高，以至于让你感到疲惫，上气不接下气，无法在运动快结束时进行持续对话。因为你调动了更多的肌肉参与锻炼，所以通过上坡达到高心率更容易，这样也可以防止肌肉和关节的损伤。

③ 放松10分钟，然后回家，洗个热水澡，晚上的闲暇时间可以做其他活动。

恭喜你，你已经走上了健康之路！

请注意，这整整4分钟的运动要保证是高强度的，这一点很重要。如果你发现自己无法保持整个4分钟都是这个强度的，那么你可能已经超过了自己的极限。下次慢一点，控制好整个节奏。

周三

耐力训练:欢乐跑20分钟

① 以舒适的速度热身10分钟。

② 以你觉得舒服的强度跑步或步行20分钟,但要比热身时的速度稍快一点,不要中途停下来。

核心力量训练

核心力量训练将帮助你更好地完成整套训练,并避免受伤和肌肉疼痛。

1 **10个俯卧撑。** 以膝盖着地或不着地的方式进行。如果你现在做不了这两种,可借助一面墙或者一道栅栏来进行站立练习。

2 15个深蹲。锻炼大腿前部(股四头肌)、臀部和固定肌。双手放在脖子后方,双脚分开,与肩同宽。保持背部挺直(向上或向前看,收紧腹部肌肉)。双腿弯曲,在不失去平衡的情况下尽可能向下蹲。缓慢向下蹲,但起身速度要相对较快。

3 10个深蹲跳。动作与上面描述的深蹲动作相同,但是起身时要快速跳起。如果做不到,那就再做10个深蹲来代替吧!

4 常规仰卧起坐。屈膝平躺,双脚平放于地面。双臂交叉放在胸前,手碰反方向的肩膀(右手放在左肩上,左手放在右肩上)。先抬起头,然后抬肩膀。收紧腹部肌肉,慢慢地坐起来,其间保证脚不离地。保持这个姿势一会儿,然后慢慢地躺回去。如果你坐不起来,也没关系,只需让脚贴着地面,上身尽量离地,保持一会儿,然后慢慢地躺回地面。

周五

耐力训练：2×4分钟健康"助推器"

① 热身10分钟——慢跑或快走，让身体稍微出汗。最好是上斜坡或上山，这样可以让你的心率上升得更快，并减少膝盖受到的压力。

② 上坡步行或跑步4分钟，让自己感到疲倦和喘不过气来。如果佩戴了心率监测器，那么你的心率应该在4分钟的训练结束时达到最大心率的85%~90%。如果没有心率监测器或此时不想使用心率监测器，那么运动强度应该非常高，以至于让你感到疲惫，上气不接下气，无法在运动快结束时进行持续对话。

③ 轻松散步3分钟。不能完全停下来。

④ 步行或跑步4分钟，强度与项目2相同，但现在你应该达到了理想的心率，中场休息2~3分钟。

⑤ 放松10分钟。在第二次中场休息后会感觉很难受，但是1个小时后，你会感觉很好！

休息一两个小时，看看现在的感觉。这周不用做任何其他系统运动。不过，周末可以去大自然中散步或做一些你喜欢的没有压力的运动。不过，不要进行高强度的训练：我希望你为下周的训练做好准备。

更多的氧气——更高的健康水平

第1周有挑战性吗？锻炼那么辛苦，你几乎上气不接下气，这是什么感觉——觉得缺氧？当你运动到接近最大心率时就会发生这种情况。

别担心，在经历了上周的训练后，你的身体将开始对新的锻炼习惯上瘾。这意味着身体开始适应更高的氧气需求，你将会变得更健康。

从空气到肌肉

为什么我总是在强调健康指数的重要性？因为它反映身体中几个重要器官的功能。对于一名耐力运动员来说，他们的体能数据与运动表现直接相关。对于普通人来说，它能很好地反映日常的身体需求。

空气中的氧气进入肌肉，用来产生能量。在进入的途中，氧气会遇到几个潜在的障碍。健康指数是用最大摄氧量来衡量的，它描述了身体获取和使用氧气产生能量的能力。它至少说明以下几点：

- 呼吸能力
- 氧气从肺部输送到血液的效率
- 心脏将血液泵入工作肌群的能力
- 血管输送心脏泵出的血液的能力
- 肌肉接受和使用氧气进行工作的能力
- 身体燃烧脂肪的能力

健康指数当然也和大脑功能有关。身体中的所有细胞都需要氧气才能正常工作,健康指数直接或间接地影响大多数器官和细胞。

如果坚持健康年龄锻炼计划,那么最高摄氧量将会提高。现在做好准备进行更多的高氧活动吧。

我们开始吧!

周一

耐力训练:2×4分钟健康"助推器"

① 热身10分钟,直到微微出汗。
② 步行或跑步4分钟,直到呼吸急促。
③ 轻松散步3分钟。
④ 步行或跑步4分钟,直到呼吸急促。
⑤ 轻松散步5分钟。

就这样,一天的锻炼任务完成了!

记住,这4分钟的运动要保证是高强度的,这一点很重要。如果你发现自己无法保持整个4分钟都是这个强度的,那么你可能已经超过了自己的极限。下次慢一点,控制好整个节奏。如果可以坚持高强度运动,你应该很累,上气不接下气,以至于无法正常进行持续对话。这意味着最后一段时间的运动强度使你的心率达到了最大心率的85%~90%。

周三

耐力训练：3×4分钟间隔训练

① 热身10分钟，直到微微出汗。

② 步行或跑步4分钟，直到呼吸急促，如前所述。你应该无法正常进行持续对话，但必须坚持4分钟。

③ 轻松散步3分钟。

④ 步行或跑步4分钟，直到呼吸急促。

⑤ 轻松散步3分钟。

⑥ 步行或跑步4分钟，直到呼吸急促。

⑦ 安静散步5分钟。

在第一个4分钟结束时，你的心率应该达到最大心率的85%~90%。在剩下的每个间歇运动中，你的心率将在2~3分钟达到最大心率的85%~95%。

周五

核心力量训练

如果没有特别说明,所有的练习都应重复5~10次(具体几次取决于你的健康水平)。每两组练习之间休息30秒到1分钟。

1 热身。 花10分钟进行大肌肉群热身(如散步、跑步、划船、骑车或类似运动),保证出汗。

2 分腿蹲。 双手放在脖子后方。单脚向前迈一大步,使后膝接近或者接触地面,然后前脚快速滑回到起始位置。换另一条腿重复这个动作。

3 **深蹲跳。**双手放在脖子后方，双脚分开，与肩同宽。保持背部挺直（向上或向前看，收紧腹部肌肉）。双腿弯曲，在不失去平衡的情况下尽可能向下蹲。缓慢向下蹲，起身时要快速跳起。

4 **平板支撑。**手肘和手掌交替放置于地面，同时举起对侧手脚，放下后换另一边。试着做30秒到1分钟。休息20秒，再重复之前的动作1~2次。

5 斜对角伸展。手和膝盖撑地。抬起左臂向前,同时抬起右脚向后。保持这个姿势2~3秒,然后休息1~2秒。休息时,肘部和膝盖应在躯干下方相碰,腹部收缩,下巴靠近膝盖方向。眼睛一直注视你的左手大拇指。每边重复10次。整体重复2次。

6 侧身仰卧起坐。仰卧,双膝弯曲,左脚放在地板上,右脚放在对侧膝盖上。同时,双手置于后脑勺位置,左侧手臂伸出来,将左侧手肘移向右侧膝盖的方向,尽可能地靠近,坚持2~3秒。重复10次。换另一侧,重复上述动作。

7 坐姿臂屈伸。双臂后伸,撑在椅子或类似的东西上。慢慢地尽可能低地放低身体,随后慢慢地抬起身体。如果你很长一段时间没有使用这些肌肉群,那么第一次锻炼就会很有挑战性。尽可能多地重复。做3组,每组之间休息30秒。

周末

可进行你最喜欢的活动，如涉及大肌肉群活动的动态运动（如散步、慢跑、游泳、越野、滑雪、壁球、五人制足球等），以低至中等强度进行，并保证运动60分钟以上。和你的朋友或家人一起，这样你就更愿意运动起来了。

乳酸：生命的燃料

希望你已经注意到，在过去几周的间歇训练快结束时，你会感到喘不过气来，双腿开始发热。这其实是你的肌肉缺氧，要被迫从其他地方产生能量。

乳酸堆积

在低强度的运动中，氧气不断地流经活跃的肌肉。同时，肌肉代谢形成的废物副产品，如乳酸，也被有效地去除。然而，在高强度运动时，肌肉剧烈运动，心脏无法向肌肉输送足够的含氧血液。在氧气供应不足的情况下必须继续产生能量，这就导致乳酸堆积。

间歇训练的强度是使你的心率达到最大心率的85%~95%，这比所谓的乳酸阈要高，也就是说乳酸会在肌肉中堆积并释放到血液中。

乳酸的增加解释了你为什么在运动间隙需要休息。如果不降低运动强度,堆积的乳酸就会导致肌肉僵硬,使其难以活动。

乳酸和肌肉酸痛

运动时的乳酸堆积并不危险。当乳酸堆积太多时,身体就会被迫停止运动,无法继续锻炼。很多人想知道他们在剧烈运动后第二天肌肉酸痛是不是因为乳酸。答案是否定的。在任何情况下,即使是在剧烈运动后产生大量乳酸的情况下立即坐下,乳酸也会在几分钟内从身体中消失。

如果不是因为乳酸,那么究竟是什么导致肌肉酸痛的呢?剧烈运动会使肌肉的细胞骨架(细胞内由蛋白质构成的纤维网状结构)出现轻微撕裂。撕裂会导致炎症和疼痛。不过别担心,只要时间充足,肌肉就会做出修复反应,恢复到更强壮、更健康的状态。

乳酸清除

乳酸是一种极好的能量来源,当你以中等强度运动时,它从血液中排出的效率甚至比进入血液中的效率还要高。这就是为什么我劝你在休息时走慢一点。这也是你不应该完全停止,而应在轻度运动中等待下一个高强度运动到来的原因。

乳酸由碱性乳酸盐和酸(H^+)组成。酸由呼吸系统产生。肌肉细胞具有自己的乳酸转运体,它从血液中捕获乳酸,并将其直接带回肌肉细胞作为能量使用。心脏和神经细胞实际上更喜欢将乳酸作为一种营养物质。有研究表明,乳酸对维护健康的大脑功能至关重要,它可能有助于提高身体燃烧脂肪的能力。

所以,在开始下一轮训练之前的休息时间里也要继续保持运动,尽可能多地燃烧乳酸。如果有心率监测器,可把目标定在最大心率的70%左右,这样可以在运动休息期间以最有效的方式去除乳酸。

进入第3周时,要记住乳酸是你的朋友,你应该确保在适当的训练期间产生足够的乳酸。下周开始,我将告诉你为什么在超过乳酸阈的强度下运动是一个好主意。

大量的氧气

一个70千克重的成年人,身体包含大约5.6升的血液,每分钟循环三次。一天中,心脏通过血管输送大约7500升富含氧气的血液,为身体各个器官的细胞提供氧气。人的一生中约有1.59亿升血液通过心脏泵出在全身流动。这些血足以装满三个超级油轮!

过渡周

感觉如何？准备好迎接新一周的健康年龄挑战了吗？在上周的间歇训练和核心力量训练后，有些人会感到肌肉酸痛。这是正常的！不过，请记住，如果在开始这个项目时，你觉得很吃力，那么明智的做法是不要过于热情，不要额外做其他运动。

这是因为身体需要时间来恢复。与一辆开得很快的车不同的是，如果时间充足，身体在经过一段时间的剧烈运动后会做出额外的补偿。所以，如果你觉得身体吃不消，还没有为第3周的运动做好准备，那么在继续本周的课程之前，再做一轮第2周的练习。这个阶段做得太过只会导致受伤，这样你将无法完成锻炼计划的剩余部分。

来吧！

周一

耐力训练：3×4分钟间隔训练

① 热身10分钟，直到出汗。

② 步行或跑步4分钟，直到呼吸急促。

③ 轻松散步3分钟。

④ 步行或跑步4分钟，直到呼吸急促。

⑤ 轻松散步3分钟。

⑥ 步行或跑步4分钟，直到呼吸急促。

⑦ 放松5分钟。

你已经完成一天的训练了！

周三

选择一项涉及大肌肉群活动的动态运动(如散步、慢跑、游泳、越野、滑雪、壁球、五人制足球等),并且运动60分钟以上。和你的朋友或家人一起,这样你就更愿意运动起来了。

周五

耐力训练:4分钟启动

① 热身10分钟——慢跑或快走,让身体稍微出汗。最好是上斜坡或上山,这样可以让你的心率上升得更快,并减少膝盖受到的压力。

② 快走或上坡跑4分钟,让自己感到疲倦和喘不过气来。如果佩戴了心率监测器,那么你的心率应该在4分钟的训练结束时达到最大心率的85%~95%。

③ 放松5分钟。

核心力量训练

1 **平板支撑。**手肘和手掌交替放置于地面,同时举起对侧手脚,放下后换另一边。试着做1分钟。休息20秒,再重复之前的动作1~2次。

2 **侧向平板支撑。**用肘部或伸直的手臂完成该动作。记住要集中注意力,使用正确的技巧,尽量使身体从正面、侧面和上面看都形成一条直线。每一次做动作时,保持这个姿势2~3秒,然后休息一会儿。每边各做2次,两轮之间休息30秒。体力允许的话可以多做几组。如果觉得太轻松,用手或肘部开始动作,抬起上面的腿,让身体做出一个"大"字形。继续保持这个姿势3~5秒——尽可能多地重复这个动作。

3 **后背平板**。脚垫高,双臂交叉,手碰对侧肩膀,挺起腹部,保持身体为一直线。保持抬起的姿势30~45秒,休息15秒,重复2~3次。

4 **俯卧撑**。以膝盖着地或不着地的方式进行,还可以两种姿势交替进行。休息1分钟后再重复这个练习。尽可能多地重复动作。在第二轮锻炼中,你少用了多少时间?

5 **15个深蹲**。锻炼大腿前部(股四头肌)、臀部和固定肌。双手放在脖子后方,双脚分开,与肩同宽。保持背部挺直(向上或向前看,收紧腹部肌肉)。双腿弯曲,在不失去平衡的情况下尽可能向下蹲。缓慢向下蹲,但起身速度要相对较快。

周末

放松,你可以庆祝自己坚持下来了,好好享受周末的时光吧!周末不要再做剧烈运动,因为下周将面临一个新的挑战!

心脏——你的引擎

当我设计训练计划时,一个最重要的问题是,我想提高的能力受到什么因素限制?是什么在限制我的健康水平,即最大摄氧量的提高?是肺、主动肌,还是血管?抑或是心脏?

简单来说,对于大多数人而言,肺或血管没有对结果产生影响。而主动肌可以处理相当于心脏最大供血量3~4倍以上的血液量。因此,是心脏的泵血能力限制了最大摄氧量。

锻炼你的心脏

心脏的泵血能力等于心搏量和最大心率的乘积。心搏量是心脏每跳动一次所泵出的血液量。前面已经介绍,每个人的最大心率是天生的,随着年龄的增长还会减少。因此,增加心脏泵血能力的方法是提高心搏量!

在选择训练强度时,知道何等运动强度下可以达到你的最大心搏量是非常重要的。经过整整三周的健康年龄训练,你可能不会对这个答案感到太惊讶:人的最大心搏量会出现在最大心率的85%~95%之间。

为什么是4分钟?

心脏和其他肌肉一样,必须承受一定的负荷才能保持健康。锻炼心脏供血能力的唯一健康方法是延长心脏满血(负荷)状态的持续时间。在做研究员时期,我接触了数千名不同年龄、健康水平和身体状况的男性和女性。他们似乎都有一个共同点:对于4分钟左右的高强度运动,锻炼的效果都非常好。

那么,这4分钟有什么神奇之处呢?每次运动的最佳持续时间的一个关键指标是最大心搏量。研究表明,达到最大心率的85%~95%需要花费1~2分钟。通过4分钟的运动,不仅可以达到需要的运动强度,而且还能以足够长的时间刺激心脏达到最佳适应状态。

运动久了有什么问题?

如果把运动时间延长到4分钟以上,你就可以在需要的强度上保持更长的时间。但是,我为什么不推荐呢?首先,这是一个保持运动兴趣和快乐的问题。每是人都可以进行4分钟的高强度有氧运动,包括那些未经训练的人。这是一个兼顾时间效率和锻炼效果的较为完美的方式。在我看来,时间太长可能太过费力,从而影响对运动的兴趣。

你能以最大心搏量锻炼多久?还记得之前提到的乳酸吗?很明显,心率不能长时间保持在最大心率的85%~95%,你需要休息从而避免乳酸堆积。

时间更短呢?

短于1分钟的速度型间歇训练越来越受到欢迎。到目前为止,健康年龄锻炼计划中还没有包含这种类型的训练。如果仔细阅读了前面的段落,你可能已经猜到原因了。

假设你在1分钟即刚好达到你最大心搏量时停止锻炼,那么你就没有足够时间进行心脏的最佳训练,这就是速度型间歇训练对提高摄氧量不那么有效的原因。这种类型的训练会使心脏负荷过重。

无论如何,在我们继续之前,还要透露一个小秘密:尽管更短时间的高强度间歇训练的主要作用可能不是增加心搏量,但它们实际上可能在提高其他能力方面非常有效。在以后的课程中,你会逐渐了解这种训练以及明白它是如何降低健康年龄的。

目前,最好的选择是坚持大约4分钟的高强度间歇训练。我希望在接下来的一周里,你能把这部分的内容记在心里,鼓舞自己,因为后面的运动将变得艰难。

用小苏打对抗乳酸

为了减少乳酸的影响,让我们的腿部在不僵硬的情况下更加努力地工作,一些能量饮料制造商在他们的产品中添加了各种"抗乳酸缓冲剂"。然而并没有什么用。为了产生有说服力的效果,你必须喝大量的水,以至于在那之后最不想做的事情就是继续锻炼。

试图阻止乳酸对肌肉功能产生影响并不是一个新的尝试。几年前,就有许多耐力运动员在比赛前吃小苏打(这是一种很好的缓冲剂),以便在因乳酸堆积而导致腿部僵硬之前跑得更快。这在一定程度上是有效的,但现在很少有人使用了。我建议你也别用小苏打,因为它对胃极其有害,并可能导致大便失禁。

运动开始变得艰难!

第4周

周一

耐力训练：4×4分钟健康"助推器"

① 热身10分钟，直到出汗。

② 步行或跑步4分钟，直到呼吸急促。

③ 轻松散步3分钟。

④ 步行或跑步4分钟，直到呼吸急促。

⑤ 轻松散步3分钟。

⑥ 步行或跑步4分钟，直到呼吸急促。

⑦ 轻松散步3分钟。

⑧ 步行或跑步4分钟，直到呼吸急促。

⑨ 放松5分钟。

干得漂亮！

洗个澡，感觉怎么样？

神奇吧！

享受吧！

周三

耐力训练：4×4分钟健康"助推器"

重复周一的锻炼——对你的健康大有裨益！你已经开始"降低健康年龄"之旅啦！

核心力量训练

1 **平板支撑**。手肘和手掌交替放置于地面,同时举起对侧手脚,放下后换另一边。试着做1分钟(或尽可能撑到1分钟)。休息20秒,再重复之前的动作1次。

2 **侧身仰卧起坐**。仰卧,双膝弯曲,左脚放在地板上,右脚放在对侧膝盖上。同时,双手置于后脑勺位置,左侧手臂伸出来,将左侧手肘移向右侧膝盖的方向,尽可能地靠近,坚持2~3秒。重复10次。换另一侧,重复上述动作。

3 **斜对角伸展**。手和膝盖撑地。抬起左臂向前,同时抬起右脚向后。保持这个姿势2~3秒,然后休息1~2秒。休息时,肘部和膝盖应在躯干下方相碰,腹部收缩,下巴靠近膝盖方向。眼睛一直注视你的左手大拇指。每边重复10次。

4 **坐姿臂屈伸**。双臂后伸,撑在椅子或类似的东西上。慢慢地尽可能低地放低身体,随后慢慢地抬起身体。尽可能多地重复。做3组,每组之间休息30秒。

这是训练开始以来最艰难的时刻,不管你是完成了全部还是其中一部分,你都很棒!

周五

耐力训练:4分钟启动

① 热身10分钟——慢跑或快走,让身体稍微出汗。最好是上斜坡或上山,这样可以让你的心率上升得更快,并减少膝盖受到的压力。

② 上坡步行或跑步4分钟,让自己感到疲惫和喘不过气来。

③ 放松5~10分钟,开始专注于功能性力量挑战。

核心力量训练

1 深蹲。锻炼大腿前部(股四头肌)、臀部和固定肌。双手放在脖子后方,双脚分开,与肩同宽。保持背部挺直(向上或向前看,收紧腹部肌肉)。双腿弯曲,在不失去平衡的情况下尽可能向下蹲。缓慢向下蹲,但起身速度要相对较快。重复10次。

2 分腿蹲

双手放在脖子后方。单脚向前迈一大步,使后膝接近或者接触地面,然后前脚快速滑回到起始位置。换另一条腿重复这个动作。整套动作重复7次。

3 深蹲跳

双手放在脖子后方,双脚分开,与肩同宽。保持背部挺直(向上或向前看,收紧腹部肌肉)。双腿弯曲,在不失去平衡的情况下尽可能向下蹲。缓慢向下蹲,起身时快速跳起。整套动作重复5次。

4 **俯卧撑**。双手手掌撑地,手肘伸直转为弯曲,再伸直。以膝盖着地或不着地的方式进行,还可以两种姿势交替进行。尽可能多地重复动作。

5 **深蹲**。见1。重复7次。

6 **分腿蹲**。见2。每条腿重复5次。

7 **深蹲跳**。见3。重复5次。

8 **俯卧撑**。见4。尽可能多地重复动作。

9 **常规仰卧起坐**。屈膝平躺,双脚平放于地面。双臂交叉放在胸前,手碰反方向的肩膀(右手放在左肩上,左手放在右肩上)。先抬起头,然后抬肩膀。收紧腹部肌肉,慢慢地坐起来,其间保证脚不离地。保持这个姿势一会儿,然后慢慢地躺回去。如果你坐不起来,也没关系,只需让脚贴着地面,上身尽量离地,保持一会儿,然后慢慢地躺回地面。尽可能多做些。

10 **斜对角伸展**。手和膝盖撑地。抬起左臂向前,同时抬起右脚向后。保持这个姿势2~3秒,然后休息1~2秒。休息时,肘部和膝盖应在躯干下方相碰,腹部收缩,下巴靠近膝盖方向。眼睛一直注视你的左手大拇指。每边重复10次。

周末

这周的训练需要身体和思想都参与其中,相信你会喜欢的。周末好好休息吧。如果周末想继续运动,请不要做高强度的运动。

锻炼——健康的关键

虽然上周经历了艰苦的训练,但是也有收获:每次4分钟的高强度运动,使你的心脏得到很好的锻炼。随着时间的推移,你的心脏会变得更强壮,心搏量增加的同时,也减少了氧气输送到肌肉的阻力。

一个重要的信号

氧气是我们维持生命活动必不可少的。所以,最大摄氧量高的人比最大摄氧量和其他健康指数低的人活得更长,也更健康,这是合乎逻辑的。研究证实,健康指数可以对因不良生活方式而引起的疾病的风险和过早死亡的风险提供预警。例如,我的研究小组已经得出结论,健康指数低可能是中年人未来心脏病发作的警告信号,尽管他们目前没有因不良生活方式而引起疾病的征兆。

健康指数在很大程度上取决于肌肉和心血管的功能,年龄的增长和缺乏运动都会使肌肉和心血管的功能逐渐恶化。事实上,现在有非常明确的证据表明,通过锻炼来提高健康指数对预防和治疗慢性病至关重要。因此,美国心脏协会(American Heart Association)已表示,在所有常规体检中,健康指数应被视为一个至关重要的信号参数。

首要因素

众所周知,吸烟有害健康,糖尿病、肥胖和高血压是导致过早死亡的风险因素。但是,这些因素中没有一个比健康指数的影响力更大。

因为研究表明,与健康指数较低的人相比,有既定风险因素但健康指数高的人过早死亡的风险较低。

健康指数并不一定反映你进行了多少体育活动。研究表明,在健康指数较低的情况下,当健康年龄较高时,有规律的体育活动对预防疾病的积极作用就会消失。相反,当健康年龄较低时,即使是那些运动量低于一般水平的人,患病风险也会降低。

通过锻炼来提高身体素质是关键

这就是为什么我特别设计了14周的健康年龄锻炼计划,以此提高你的健康指数,降低你的健康年龄。你可能会感到惊讶,其中许多训练课程用时都很短,而且不必每天锻炼。可能很多其他的锻炼项目会告诉你要以更高的频率锻炼更长时间,但我希望你现在相信,它们一般没法和我的项目一样对你的健康年龄产生相同的影响。提高体能的关键不是持续的时间和频率,而是运动强度!

对健康最好的投资就是让健康年龄保持尽可能地低。让我们通过第5周的锻炼来继续你的健康年龄之旅。

一个强大的心脏泵

如果你是一个成年人,你可以把一只手紧握成拳,来看看你心脏的大小(即成年人的心脏大小约相当于他本人握紧的拳头)。你挤压网球时,使其变形所用的力度就等于你的心脏每跳动一次泵出血液的强度。

越来越难!

本周会有些不同——没有间歇。因为我们需要让身体对前几周的挑战做出反应,同时还不能停止锻炼。

周一

耐力项目：欢乐跑20分钟

① 以舒适的速度热身10分钟。

② 以你觉得舒服的强度跑步或步行20分钟，但要比热身时的速度稍快一点，不要中途停下来。

核心力量训练

所有运动重复5~10次（具体次数取决于你的健康水平）。每两项运动之间休息10~30秒，每三项运动之间休息1分钟。

1 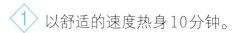10个俯卧撑。膝盖伸直或弯曲皆可。

2 **15个深蹲。** 锻炼大腿前部（股四头肌）、臀部和固定肌。双手放在脖子后方，双脚分开，与肩同宽。保持背部挺直（向上或向前看，收紧腹部肌肉）。双腿弯曲，在不失去平衡的情况下尽可能向下蹲。缓慢向下蹲，但起身速度要相对较快。

3 **10个深蹲跳。** 动作与上面描述的深蹲动作相同，但是起身时要快速跳起。如果做不到，那就再做15个深蹲来代替吧！

4 15个深蹲。

5 10个深蹲跳。

6 10个俯卧撑。

7 15个深蹲。

8 10个深蹲跳。

9 10个俯卧撑。

周三

耐力训练：朋友挑战日

选择一项涉及大肌肉群活动的动态运动（如散步、慢跑、游泳、越野、滑雪、壁球、五人制足球等），并且运动60分钟以上。和你的朋友或家人一起，这样你就更愿意运动起来了。应该会很有趣！运动强度维持在可以让你们进行正常对话的程度，但不要太慢。坚持60分钟！

周五

热身20分钟，做你最喜欢的大量肌肉群参与进来的运动，为下面的力量训练做好准备。

核心力量训练

1 **平板支撑**。手肘和手掌交替放置于地面,同时举起对侧手脚,放下后换另一边。试着做1分钟。休息20秒,再重复之前的动作1次。

2 **侧向平板支撑**。用肘部或伸直的手臂完成该动作。记住要集中注意力,使用正确的技巧,尽量使身体从正面、侧面和上面看都形成一条直线。每一次做动作时,保持这个姿势2~3秒,然后休息一会儿。每边各做2次,两轮之间休息30秒。体力允许的话可以多做几组。如果觉得太轻松,用手或肘部开始动作,抬起上面的腿,让身体做出一个"大"字形。继续保持这个姿势3~5秒——尽可能多地重复这个动作(注意技巧)。

3 后背平板。保持抬起的姿势30~45秒，休息15秒，重复2~3次。

4 俯卧撑。以膝盖着地或不着地的方式进行，还可以两种姿势交替进行。休息1分钟后再重复这个练习。尽可能多地重复动作。在第二轮锻炼中，你少用了多少时间？

5 15个深蹲。锻炼大腿前部(股四头肌)、臀部和固定肌。双手放在脖子后方,双脚分开,与肩同宽。保持背部挺直(向上或向前看,收紧腹部肌肉)。双腿弯曲,在不失去平衡的情况下尽可能向下蹲。缓慢向下蹲,但起身速度要相对较快。

6 俯卧后抬腿。训练肩膀、腹部、腿部和背部肌肉。双脚触地,用前臂支撑重心。上体抬起45°,背部挺直,避免晃动。将左腿向后上方抬起,使肩、臀、腿在一条直线上,腿抬起后保持5秒。之后换右腿进行上述动作。左右交替进行。每条腿重复5次。

7 分腿蹲。双手放在脖子后方。单脚向前迈一大步,使后膝接近或者接触地面,然后前脚快速滑回到起始位置。换另一条腿重复这个动作。整套动作不间断地重复10次。

周末

你可以选个有创意的疯狂运动：比如带着你的家人、邻居或朋友，去参加越障训练。年纪大了？天气太糟糕了？没有场地？别找借口。越障训练对青年人和老年人都是很好的训练，因为它能提高你的灵活性、平衡性和协调性，还能使心脏、血管、肌肉和大脑的功能得到锻炼。很有趣！赶紧开始吧！

场所可以选择在周末远足的终点、公园或任何其他合适的地方。发挥你的想象力，和朋友、家人一起或独自创建一个训练计划。也许你的住所附近刚好有一个现成的越障训练场呢！

我和孩子们在小木屋里进行比赛，这里有汗水，也有欢乐，还有一些血和泪的经历（值得庆幸的是，血和泪的经历主要发生在前两次）。我和孩子们一起创建了一个包含几种不同障碍训练项目的课程：

- 在木头和树桩上保持平衡。
- 以一根绳子为辅助爬上很陡的斜坡。
- 投掷飞镖。没打中的人要接受"惩罚"，即进行每个人都能做到的简单的强化运动（1个没打中：10个深蹲；2个没打中：加做10个仰卧起坐；3个没打中：加做5个深蹲跳）。
- 在两棵树之间绑上上细下粗两根绳子，踩在粗绳子上保持平衡，并抓住系得高一点的另一根细绳子。
- 在离地2米高的一根绳子上设定一个轮滑系统（我们可以借助能爬上去的树）：我们被困在这个系统里，必须"飞下来"，且在终点线前降落。

我们在所有季节都遵循这个运动顺序，但在冬季时要多加小心，应做好热身活动，避免受伤。每个人根据年龄和体型不同，完成整个比赛需要5~10分钟。我们建立的这个障碍训练,希望一位11岁的孩子和一位成年人一样有机会在比赛中获胜。比赛可以进行2~4局,这样在第1局中输掉的人还有机会获胜。

健康年龄告诉你什么

前面提过,提升健康指数是改善健康的关键。同样,在开始这段健康年龄之旅之前,我向你保证,我的健康年龄计算器是一个不需要流汗就可以衡量你的健康水平的有效工具。现在是时候告诉你为什么我能做出如此大胆的承诺了。

最精确的测量工具

测量最大摄氧量的黄金标准方法是戴上一个特别的呼吸面罩,然后在跑步机上跑到筋疲力尽。多年来,许多研究人员一直试图找到一种不做任何运动就可以精确估算健康指数的方法。健康年龄计算器是现有工具中最精确和最流行的一种测试方法。

事实上,来自世界各地的700多万人已经在使用健康年龄计算器来计算他们的最高摄氧量了。相比于其他非运动仪器,美国心脏协会更推荐使用我的计算器,以此来评估出你身体的真实健康状况。继续读下去,你很快就会明白为什么。

预测健康风险

几年前,我让4000多名不同年龄的研究参与者戴着特别的呼吸面罩进行了完整的跑步测试。他们回答了很多和自身情况相关的问题,并进行了全面的健康检查。我的研究小组结合这些信息确定并计算出了与健康指数相关的重要参数。健康年龄计算器就是这样诞生的。

接下来,我用健康年龄计算器估算了大约4万人的健康指数,他们在20世纪80年代参与了一项以大量人口为对象的大规模调查研究。我发现,在接下来的25年里,健康年龄的改善与死于不良生活方式导致的疾病的风险大幅降低直接相关。健康年龄计算器实际上可以预测健康风险,就像我们在模型中加入传统的心脏病风险因素一样。

现在,你应该已经开始体会到健康年龄锻炼计划对身体的影响了。离下个测试周不远了,你将有机会量化健康年龄对身体功能强度和身体表现的影响。最重要的是,你将了解7周的锻炼对你的健康年龄有多大的影响。记住,它不仅仅是一个数字——它是评估你身体是否健康的最重要的数字。

趣味知识

健康的竞争类运动

如果你觉得自己需要变得更活跃,可以给自己找一些健康的竞争类运动。一项通过在线社交网络进行的调查研究了支持或竞争模式是否增加了人们对体育活动的参与度。该研究参与者可以免费参加每周的健身课程,并得到健身指导和营养建议。在训练结束时,记录的锻炼时间最多的参与者还可以获得奖励。

参与者不知道的是,研究人员把他们分成了四组。这些小组采用支持或竞争关系,有单人训练,也有组团训练。在这项研究中,绝大多数情况下,与支持关系模式相比,竞争关系模式是赢家,运动参与率提高了90%;而比赛是个人性质的还是团队性质的则并不重要。

几乎快进行一半了!

你周末训练了吗?如果没有,那一定要在以后的阶段进行,因为这些训练很有趣,而且对你的身体有好处。

周一

耐力训练：4×4分钟健康"助推器"

① 热身10分钟，直到出汗。

② 步行或跑步4分钟，直到呼吸急促。

③ 轻松散步3分钟。

④ 步行或跑步4分钟，直到呼吸急促。

⑤ 轻松散步3分钟。

⑥ 步行或跑步4分钟，直到呼吸急促。

⑦ 轻松散步3分钟。

⑧ 步行或跑步4分钟，直到呼吸急促。

⑨ 放松5分钟。

很棒！

洗个澡，感觉怎么样？

神奇吧！

周二

耐力训练:欢乐跑20分钟

① 以舒适的速度热身10分钟。

② 以你觉得舒服的强度跑步或步行20分钟,但要比热身时的速度稍快一点,不要中途停下来。

核心力量训练

1 **10个俯卧撑。** 膝盖伸直或弯曲皆可。

2 15个深蹲。锻炼大腿前部（股四头肌）、臀部和固定肌。双手放在脖子后方，双脚分开，与肩同宽。保持背部挺直（向上或向前看，收紧腹部肌肉）。双腿弯曲，在不失去平衡的情况下尽可能向下蹲。缓慢向下蹲，但起身速度要相对较快。

3 **10个深蹲跳。** 动作与上面描述的深蹲动作相同,但是起身时要快速跳起。如果做不到,那就再做15个深蹲来代替吧!

4 **常规仰卧起坐。** 屈膝平躺,双脚平放于地面。双臂交叉放在胸前,手碰反方向的肩膀(右手放在左肩上,左手放在右肩上)。先抬起头,然后抬肩膀。收紧腹部肌肉,慢慢地坐起来,其间保证脚不离地。保持这个姿势一会儿,然后慢慢地躺回去。如果你坐不起来,也没关系,只需让脚贴着地面,上身尽量离地,保持一会儿,然后慢慢地躺回地面。尽可能多做些。

5 **斜对角伸展**。手和膝盖撑地。抬起左臂向前,同时抬起右脚向后。保持这个姿势2~3秒,然后休息1~2秒。休息时,肘部和膝盖应在躯干下方相碰,腹部收缩,下巴靠近膝盖方向。眼睛一直注视你的左手大拇指。每边重复10次。

6 **平板支撑**。手肘和手掌交替放置于地面,同时举起对侧手脚,放下后换另一边。试着做1分钟。休息20秒,再重复之前的动作1次。

7 **侧向平板支撑。**用肘部或伸直的手臂完成该动作。记住要集中注意力,使用正确的技巧,尽量使身体从正面、侧面和上面看都形成一条直线。每一次做动作时,保持这个姿势2~3秒,然后休息一会儿。每边各做2次,两轮之间休息30秒。体力允许的话可以多做几组。如果觉得太轻松,用手或肘部开始动作,抬起上面的腿,让身体做出一个"大"字形。继续保持这个姿势3~5秒——尽可能多地重复这个动作(注意技巧)。

周四

耐力训练:4×4分钟健康"助推器"

① 热身10分钟,直到出汗。
② 步行或跑步4分钟,直到呼吸急促。
③ 轻松散步3分钟。
④ 步行或跑步4分钟,直到呼吸急促。
⑤ 轻松散步3分钟。
⑥ 步行或跑步4分钟,直到呼吸急促。
⑦ 轻松散步3分钟。
⑧ 步行或跑步4分钟,直到呼吸急促。
⑨ 放松5分钟。

很棒!

周五

耐力训练：乐在其中

① 选择你最喜欢的运动，以舒适的强度热身10分钟。

② 以具有挑战性的速度跑步或步行10分钟，不要中途停下来。如果你不得不停下来，说明你对自己太苛刻了——就这么简单。尽量坚持10分钟。

核心力量训练

1 **俯卧撑。** 膝盖伸直或弯曲皆可。

2 **平板支撑**。手肘和手掌交替放置于地面,同时举起对侧手脚,放下后换另一边。试着做1分钟。休息20秒,再重复之前的动作1次。

3 侧向平板支撑

用肘部或伸直的手臂完成该动作。记住要集中注意力,使用正确的技巧,尽量使身体从正面、侧面和上面看都形成一条直线。每一次做动作时,保持这个姿势2~3秒,然后休息一会儿。每边各做2次,两轮之间休息30秒。体力允许的话可以多做几组。如果觉得太轻松,用手或肘部开始动作,抬起上面的腿,让身体做出一个"大"字形。继续保持这个姿势3~5秒——尽可能多地重复这个动作(注意技巧)。

4 后背平板

脚垫高,双臂交叉,手碰对侧肩膀,挺起腹部,保持身体为一直线。保持抬起的姿势30~45秒,休息15秒,重复2~3次。

5 **分腿蹲**。手放在脖子后面。单脚向前迈一大步,使后膝接近或者接触地面,然后前脚快速滑回到起始位置。换另一条腿重复这个动作。整套动作不间断地重复10次。

6 **超人**。像超人一样"飞"起来！趴在地上,尽可能地抬起你的上半身,同时抬起你的双腿。交替地将手臂移到身体两侧和前方,腿部采用自由泳打水动作。"飞行"5秒,然后休息5秒。重复7次。

周末

如果你还在进行这个训练计划,那么你已经成为了更好的自己。如果你正在挣扎是否要继续下去,那么放1周假或回到第1周"休息"一下。这个周末的挑战是:要么完成你的越障训练,要么参加一个持续30分钟到120分钟的低强度到中等强度的运动。这是你的选择。倾听你的身体:它会告诉你该做什么！

肥胖,但是健康?

刚开始锻炼时,你可能会感觉很好,但体重可能不会像你希望的那样迅速改变。开始之前,我曾经要求你测量身体质量指数(BMI)和腰围。下周,再测量一次。我敢保证你会看到期待的变化。

BMI和腰围

你可能听说过肌肉比脂肪重,这当然是错误的说法。实际上是1千克脂肪所占的体积比1千克肌肉所占的体积要大。因此,在你提高身体活动水平,增加肌肉质量的同时,即使减掉了相当多的脂肪,也不会对你的体重产生太大的影响。产生的变化其实是你拥有了更好的体型和身体素质。

腰围大小是衡量腹部脂肪含量的一种最直观的标准,而腹部脂肪常被认为是对健康最具威胁的脂肪。如果你的目标是改变体型,那么重点应该放在减掉腹部脂肪上。在这方面,记录你的腰围可能比关注你的BMI更重要。如果你超重,那么BMI是一个很好的健康指标,尽管它并没有说明你身体的脂肪储存在哪里。

间歇运动训练能燃烧脂肪吗?

许多人问我,燃烧脂肪的最佳方法是高强度运动还是低强度运动呢?这个问题的背景是,在低强度运动中,脂肪代谢产生的能量大约占总能量的一半。而在高强度运动(比如前面提到的4分钟间歇训练)中,只有不到20%的能量来自于脂肪。这就是为什么一些健身教练建议想要燃烧尽可能多的脂肪的人应该进行低强度运动。

然而,这些说法是基于一个巨大的误解。事实上,应该考虑的是总能源消耗,而不是脂肪燃烧消耗能量的百分比。在高强度运动下,单位时间的能量消耗远远大于低强度运动的能量消耗。因此,当进行高强度运动时,单位时间内脂肪代谢总量实际上更高。举个例子,骑同样距离的自行车,以较缓的速度用掉较长的时间与以较快的速度花更短的时间相比,并不会让你减掉更多的脂肪。

健康的人消耗更多的脂肪

你可以通过体育活动和健康饮食来控制体型,但你的重心应该是变得更健康,而不是减肥。大规模的研究表明,瘦而不健康比超重而健康糟糕得多。世界上有数以百万计的人既"肥胖"(BMI>30)又健康(健康年龄比实际年龄低)!

我们需要增加健康指数的一个重要原因是,健康指数反映了身体获取和利用氧气进行肌肉运动的最高能力。因为燃烧脂肪百分百依赖于氧气的供应,所以最大摄氧量越高,燃烧脂肪的能力就越强。增加健康指数会使你燃烧脂肪的强度高于此前燃烧碳水化合物需要的强度。

我的主要目标是提高你的健康水平。但是,如果你有一些赘肉,我相信健康年龄锻炼计划可以帮你增加肌肉质量,减掉腹部脂肪,同时减轻体重。现在,在看到你的健身结果之前,为最后一周做好准备吧!

运动员的心脏

在耐力最好的男性运动员中,心脏输出量每分钟可超过40升,这比浴室的水龙头在最高性能时所能喷出的水量要多得多。

适 应

本周有点不同。我们的目标是稍微减轻心血管系统的负荷,让身体有足够的时间进行适应。我们将从你熟悉的健康"助推器"开始。

周一

耐力训练：4×4分钟健康"助推器"

① 热身10分钟，直到出汗。

② 步行或跑步4分钟，直到呼吸急促。

③ 轻松散步3分钟。

④ 步行或跑步4分钟，直到呼吸急促。

⑤ 轻松散步3分钟。

⑥ 步行或跑步4分钟，直到呼吸急促。

⑦ 轻松散步3分钟。

⑧ 步行或跑步4分钟，直到呼吸急促。

⑨ 放松5分钟。

感觉真棒！

周三

选择一项涉及大肌肉群活动的动态运动(如散步、慢跑、游泳、越野、滑雪、壁球、五人制足球等),并且运动60分钟以上。和你的朋友或家人一起,这样你就更愿意运动起来了。

周五

选择一项你最喜欢的大量肌肉群参与进来的持续运动,热身10分钟。今天,我们只关注**核心力量训练**。

1 **平板支撑**。手肘和手掌交替放置于地面。同时举起对侧手脚,放下后换另一边。试着做1分钟。休息20秒,再重复之前的动作1次。

2 侧向平板支撑

侧向平板支撑。用肘部或伸直的手臂完成该动作。记住要集中注意力,使用正确的技巧,尽量使身体从正面、侧面和上面看都形成一条直线。每一次做动作时,保持这个姿势2~3秒,然后休息一会儿。每边各做2次,两轮之间休息30秒。体力允许的话可以多做几组。如果觉得太轻松,用手或肘部开始动作,抬起上面的腿,让身体做出一个"大"字形。继续保持这个姿势3~5秒——尽可能多地重复这个动作(注意技巧)。

3 俯卧撑

俯卧撑。以膝盖着地或不着地的方式进行,还可以两种姿势交替进行。休息1分钟后再重复这个练习。尽可能多地重复动作。在第二轮锻炼中,你少用了多少时间?

4 15个深蹲。锻炼大腿前部（股四头肌）、臀部和固定肌。双手放在脖子后方，双脚分开，与肩同宽。保持背部挺直（向上或向前看，收紧腹部肌肉）。双腿弯曲，在不失去平衡的情况下尽可能向下蹲。缓慢向下蹲，但起身速度要相对较快。重复1次。

5 俯卧后抬腿。训练肩膀、腹部、腿部和背部肌肉。双脚触地，用前臂支撑重心。上体抬起45°，背部挺直，避免晃动。将左腿向后上方抬起，使肩、臀、腿在一条直线上，腿抬起后保持5秒。之后换右腿进行上述动作。左右交替进行。每条腿重复5次。

6 斜对角伸展。手和膝盖撑地。抬起左臂向前，同时抬起右脚向后。保持这个姿势2~3秒，然后休息1~2秒。休息时，肘部和膝盖应在躯干下方相碰，腹部收缩，下巴靠近膝盖方向。眼睛一直注视你的左手大拇指。每边重复15次。

周末

感谢你们和我一起度过这 7 周的旅程。你已经完成了健康年龄锻炼计划的一半。你应该为自己感到自豪,记得告诉朋友和家人你已经取得的健身成果。

本周末休息,为自己庆祝一下,并为下周打破个人记录做好准备!

趣味知识

锻炼和酒

一杯葡萄酒可以帮助你保护心脏。最近的研究表明,如果你不经常锻炼,葡萄酒保护心脏的作用就会减弱。要确保自己定期锻炼!

半程中点

你现在的体型应该比刚开始时好了很多。现在，训练应该使你拥有了更多的能量。你可能已经感受到了运动给精神和身体上带来的改变。

在开始这周的测试之前，你有几个任务要完成。在接下来的7周训练中，你需要一个弹力带来进行一些力量训练。我强烈建议你现在就开始佩戴心率监测器，它可以帮助你确定是否在以最佳强度进行锻炼。

你还需要用心率监测器来测量PAI值——这是你唯一需要使用的测量方法，以此判断锻炼强度是否足够到获得最佳健康效益。在接下来的几周，我将告诉你更多关于PAI的知识以及我是怎么获得这些知识的。在14周训练结束后，你将会获得需要的知识，跟踪自己的PAI指数，成为自己的私人教练，并根据PAI指数继续进行锻炼。

目前为止，你有多大的进步呢？我猜你的身体素质应该已经有了很大的提高，这是一个与你健康有关的非常重要的指标。你还对重要的肌肉进行了强化，这将使你能更轻松地应对繁忙的日常生活，同时降低受伤或拉伤的风险。

现在，是时候拿出你第1周测试的笔记，准备打破一些个人记录了。记住，把分数留存起来，以便在完成14周锻炼计划后参加后续测试时使用。

周一

体能测试

还记得7周前你完成的测试课程吗?是时候看看你现在的表现有多大的提高了。

以慢到中等的速度热身20分钟。然后以从低到高的速度运动10分钟,直到感觉热、出汗,为耐力测试做好准备。接下来的测试应该持续10分钟。

用尽全力!

尽可能快!

尽可能远!

记录下你的成绩吧!

放松5分钟。

今天,热身、测试和放松就足够了。好好享受剩下的时光吧。

周三

功能性力量训练

1 **俯卧撑**。使用与之前训练相同的技巧——膝盖伸直或弯曲皆可，也可以靠着栅栏或墙进行。尽可能多地重复动作。

2 **平板支撑**。和你 7 周前的动作一样,用手肘或手掌撑地进行。尽可能久地保持这个姿势。

3 **后背平板**。尽可能久地保持这个姿势。

4 **静态深蹲**。尽可能久地保持这个姿势。

5 **常规仰卧起坐**。屈膝平躺,双脚平放于地面。双臂交叉放在胸前,手碰反方向的肩膀(右手放在左肩上,左手放在右肩上)。先抬起头,然后抬肩膀。收紧腹部肌肉,慢慢地坐起来,其间保证脚不离地。保持这个姿势一会儿,然后慢慢地躺回去。如果你坐不起来,也没关系,只需让脚贴着地面,上身尽量离地,保持一会儿,然后慢慢地躺回地面。尽可能多做些。

周五

静息心率

静息心率较低是健康改善的标志。你可以在一个安静放松的环境中平躺10分钟,之后使用心率监测器测量所得的最低每分钟脉搏数就是静息心率。也可在躺下后,用两根手指按住脖子任一侧的动脉30秒,记录脉搏跳动次数,然后乘以2,从而得到静息心率。

大多数腕式心率监测器可以24小时连续测量你的心率,测量的最低记录值即为你的静息心率。

最大心率

健康指数不会影响最大心率。因此,如果你在前一个测试周或健康年龄锻炼计划的前7周的某个时候进行过一次穷尽性运动测试,那么你就不需要再做一次测试了。

但是,如果你只是用我之前给出的公式估算了最大心率,那么你今天应该做一次真正的测试。如果你不知道自己真实的最大心率,那么在使用心率监测器时,就有可能在错误的强度下锻炼。此外,你追踪个人运动智能指数时的测量数字将是不准确的。

首先,充分地热身直到你开始出汗,这很重要。然后,做两组4分钟时长的有氧运动。运动时,你应该处于呼吸短促而不能说话的状态。每组有氧运动之后进行大约3分钟散步或慢跑。然后开始第三组运动,在2分钟内将速度提高起来(跑步机增加配速1~2千米/时或功率自行车增加25~50瓦),然后一直运动到筋疲力尽。测试中所得的最高心率即为你的最大心率。你现在应该有一个心率监测器,只要记下最高心率就可以了。如果你没有使用心率监测器,也可以在测试结束后用两根手指按住脖子任一侧的动脉30秒,记录脉搏跳动次数,然后乘以2,从而得到最大心率。

身体质量指数(BMI)

身体质量指数通常用来衡量体重情况:体重过轻(BMI<18.5)、正常体重(18.5≤BMI≤24.9)、超重(25.0≤BMI≤29.9)、肥胖(BMI≥30)。计算BMI的公式是

$$BMI = \frac{体重(千克)}{[身高(米)]^2}$$

例如,一个体重90千克,身高1.75米的人,BMI是 $\frac{90}{1.75 \times 1.75} \approx 29.4$。

你的BMI数值改变了吗?如果答案是否定的,那么一定是有合乎逻辑的原因的。别失望,回到"肥胖,但是健康?"那一章,好好读一读。

腰围

建议男性腰围不超过94厘米，女性腰围不超过80厘米。要检查这个锻炼计划到目前为止是否降低了腹部有害脂肪的水平，可以测量腰围。正常呼吸，在正常呼气后用卷尺测量肚脐位置腹部的周长。重复2~3次，取平均值。

测试你的健康年龄

现在是整个锻炼项目中真正开始变得有趣的阶段了。你现在的身体比刚开始这个项目时年轻了多少岁？我相信www.worldfitnesslevel.org上的健康年龄测试结果会让你会心一笑。

你的身体年龄依然比实际年龄大吗？别担心，你正处在降低健康年龄的正确轨道上。你进步了很多，以至于现在的健康年龄低于实际年龄吗？太棒了！再有七个星期的锻炼，你会变化更大。

个人运动智能指数

你可能不知道,如果你在健康年龄锻炼计划的前7周遵循了我的指导,那么你的PAI值就会一直保持在100以上。更重要的是,100是一个神奇的数字,它意味着你的健康年龄足够低,并正具有最佳健康状态。本书接下来会告诉你:我是如何创建PAI系统的以及如何使用心率监测器来确保每周的PAI值达到100,并在你完成这14周的训练后将自己的健康年龄保持在较低数值。

你的心跳很重要

心率是最准确的生理指标,可以反映身体对体育活动的反应。前面提到,高强度的运动最能改善你的心脏和身体机能。但这并不是说低强度的活动是无用的,而只是意味着,如果你想让它们(低强度运动)

发挥同样的作用,那么你必须花更长的时间去锻炼。

每次心跳加速,你就会获得PAI值。心率越高,获得PAI值的速度就越快。这意味着,如果你在高强度下运动,每周只需相对较少的运动时间就可以获得100的PAI值。另一方面,你也可以每天以较低的强度进行体育锻炼,但很难达到每周100的PAI值。

我创建了健康年龄锻炼计划,目标是提供高效的时间管理手段和非常有效的锻炼方案,每个人都可以将其填入自己紧密的时间表中。但是,如何做到这一点并不重要:如果你总是将PAI值保持在100或100以上,那么为保持健康你已经做得足够了。

当然,如果在接下来的7周内继续遵循我的建议,你的PAI值每周都将获得至少100。我希望你已经为获得更高的PAI值做好准备了。

开始冲刺

  欢迎踏上健康年龄之旅,它会让你更健康、更年轻。我相信你的成绩会鼓励你再坚持7个星期。就像前7周一样,我把耐力活动描述为步行或跑步。但你可以把这些活动换成游泳、骑车、划船等,只要是涉及大肌肉群活动的动态运动都可以。

  你需要用弹力带进行几次力量训练。在这周的运动中还要戴上心率监测器。除此之外,不需要其他设备了。让我们开始吧!

周一

耐力训练:健康"助推器"#1

这一阶段要求很高,你的身体和灵魂都要努力跟上节奏。但请相信我:这不仅仅是有效的,而且是提高健康水平和到达更年轻健康年龄的真正"助推器"。选择一个合适的活动并投入其中吧!

① 热身10分钟——慢跑或快走,让身体稍微出汗。最好是上斜坡或上山,这样可以让你的心率上升得更快,并减少膝盖受到的压力。

② 上坡步行或跑步4分钟,让自己感到疲倦和喘不过气来。你的心率应该在4分钟的训练结束时达到最大心率的85%~90%。

请注意,这4分钟的运动要保证是高强度的,这一点很重要。如果你发现自己无法保持整个4分钟都是这个强度的,那么你可能已经超过了自己的极限。下次慢一点,控制好整个节奏。如果可以坚持高强度运动,你应该很累,上气不接下气,以至于无法正常进行持续对话。

③ 积极休息3分钟。慢慢走或动一动,不要站着不动!

④ 尽可能快地跑1分钟,如果很难持续1分钟,可以调整一下强度,但不要在1分钟结束前停下来。

⑤ 积极休息1分钟,四处走动。

⑥ 尽可能快地跑1分钟。

⑦ 积极休息1分钟,四处走动。

⑧ 尽可能快地跑1分钟。

⑨ 积极休息3分钟。

⑩ 步行或跑步4分钟,在2~3分钟内,你的心率可以达到最大心率的85%~95%。

⑪ 积极休息3分钟。

⑫ 尽可能快地跑1分钟。

⑬ 积极休息1分钟,四处走动。

⑭ 尽可能快地跑1分钟。

⑮ 放松5分钟,准备力量训练。

做完这些之后,你还会觉得力量训练难以进行吗? 当然不会,试试吧!

核心力量训练

1 平板支撑。 手肘和手掌交替放置于地面。同时举起对侧手脚,放下后换另一边。试着做1分钟。休息20秒,再重复之前的动作1次。

2. **侧向平板支撑**。用肘部或伸直的手臂完成该动作。记住要集中注意力,使用正确的技巧,尽量使身体从正面、侧面和上面看都形成一条直线。每一次做动作时,保持这个姿势2~3秒,然后休息一会儿。每边各做2次,两轮之间休息30秒。体力允许的话可以多做几组。如果觉得太轻松,用手或肘部开始动作,抬起上面的腿,让身体做出一个"大"字形。继续保持这个姿势3~5秒——尽可能多地重复这个动作(注意技巧)。

3. **后背平板**。脚垫高,双臂交叉,手碰对侧肩膀,挺起腹部,保持身体为一直线。保持抬起的姿势30~45秒,休息15秒,重复2~3次。

4 **俯卧撑**。以膝盖着地或不着地的方式进行,还可以两种姿势交替进行。休息1分钟后再重复这个练习。尽可能多地重复动作。在第二轮锻炼中,你少用了多少时间?

这是一项困难但很棒的锻炼!回到家洗个热水澡,晚上的闲暇时间可以做其他活动。恭喜你,你正走在提高健康水平和降低健康年龄的道路上!放松一两个小时,体会这种将持续几天的美妙感觉吧!

周三

耐力训练：朋友挑战日

邀请朋友们和你一起锻炼！选择一项涉及大肌肉群活动的动态运动（如散步、慢跑、游泳、越野、滑雪、壁球、五人制足球等），并且运动60分钟以上，运动强度维持在可以让你们进行正常对话的程度。

周五

耐力训练：2×4分钟健康"助推器"

① 热身10分钟——慢跑或快走，让身体稍微出汗。最好是上斜坡或上山，这样可以让你的心率上升得更快，并减少膝盖受到的压力。

② 上坡步行或跑步4分钟,让自己感到疲倦和喘不过气来。你的心率应该在4分钟的训练结束时达到最大心率的85%~90%。

③ 轻松散步3分钟。不能完全停下来。

④ 步行或跑步4分钟,强度与第2步相同,但现在你应该达到了理想的心率,中场休息2~3分钟。

⑤ 放松10分钟。

周末

可进行你最喜欢的活动,如涉及大肌肉群活动的动态运动(如散步、慢跑、游泳、越野、滑雪、壁球、五人制足球等),并且运动60分钟以上。和你的朋友或家人一起,这样你就更愿意运动起来了。

PAI计算每一项活动

PAI值为什么这么特别呢？PAI值达到100难道不是和每天走10000步或每天至少锻炼30分钟的建议一样吗？不,不一样,它比这些建议好太多了。

它是个人的

因为PAI系统是根据每个人的健康状况量身打造的,所以任何人都必须通过努力才能获得100的PAI值。假设你的健康水平很低,但你若和一个健康水平较高的人一起散步,你的PAI值就会比那人更高。PAI可以帮助你确定维持健康所需的运动量和降低患上与不良生活方式有关的疾病的风险。PAI也会随着你变得更健康而有所调整,随着你的健康年龄的下降,你将不得不做更多的工作来获得100的PAI值。

PAI公式会根据你的个人状况和你一周内的心率模式为你打分。PAI值为0表示你在过去7天内完全没有活动。PAI值达到100,会对你的健康产生积极的影响,如果达不到,你就不能获得最佳锻炼效果。每周PAI值都在100以上是有可能的。这将让你的健康水平显著提升,但你似乎还没有发现其他的好处。几周后,我会告诉你我是怎么知道这一点的。

每一项运动都算数

每天走10000步可能是一个很好的运动建议,也可能是一个糟糕的建议。主要原因是,它没有说明步伐的速度。此外,如果你更喜欢骑车或游泳呢?那就没办法计算步数了,但肯定会提高心率,对健康产生积极影响。

我将用一个例子来说明这一点。比如花一整天的时间慢悠悠地在市中心的商店里进进出出。你很可能会走一万多步,但是心率是否已经高到能获得PAI值的程度呢?应该不会。如果你是一个健康的成年人,绝对不会。第二天,你一整天都坐在办公室,但到了晚上,骑着自行车,以高强度的运动量从公司骑几千米回家。第一天,你实现了10000步目标。但是,根据逻辑——也根据PAI的解释——你在第二天才训练了你的心脏,并让你的身体得到了更好的锻炼。

PAI计算每一项活动。你可以步行、跑步、游泳、划船、骑车或举重,PAI都可以计数。你所要做的就是确保去运动且运动达到了一定的强度。

它是智能的

另一个常见的运动建议是,一周抽4天以上的时间每天保持30分钟的中等或更高强度的运动。但是这个建议也有几个问题。

首先,它不是很灵活。如果你的工作或爱好让你在一周的大部分时间里都很难抽出时间进行锻炼,那么你注定无法坚持下去。然后,当你意识到无论如何你都无法完成这些运动时,可能就会选择完全不锻炼。有了PAI后就不同了,你每周只需锻炼2~3天,就可以达到最佳运动量。PAI为你留出了更多的休息时间,让你做自己喜欢的事情,即使这些事情与锻炼无关。

其次，这个建议是建立在你对所做运动的强度的主观感知的基础上的。对一个人来说，中等强度的运动实际上可能强度过低，不能算是真正改善健康的活动。有了PAI，你就不用担心这个问题了。PAI会替你思考。你所要做的就是保证你每周的PAI值至少是100。此外，如果你计划周末度假或接下来几天安排很辛苦的工作，你也可以提前获取足够的PAI值。

到目前为止，我只提到了PAI的一些优点，但是PAI最突出的优点是它基于可靠的研究。下周，我将开始向你揭示为什么我会如此自信地宣称对你的健康和幸福而言PAI值为100才是最佳的选择。

短跑可以改善肌肉功能

心脏每搏输出量是氧气输送的主要限制因素，每一次高强度的间歇运动至少要持续2分钟，才能对心脏产生真正的影响。你刚刚进行了一次锻炼，其中还包括1分钟的间歇运动，下面来解释一下为什么这么做：

运动影响你的整个身体，而不仅仅是心脏。它还能改善肌肉内部的细胞器，使每个肌肉细胞更高效地产生能量。4分钟的间歇训练对于改善肌肉中的这些因素非常有效，但是不断有证据表明，短跑间歇训练，特别是1分钟的间歇训练，可能更有效。再说一次，你需要1分钟的间歇运动进行心脏锻炼，所以我经常将1分钟和4分钟的高强度间歇运动综合应用在训练中。

强化你的核心

第9周

周一

耐力训练:2×4分钟间隔训练

① 热身10分钟,慢跑或快走,让身体稍微出汗。最好是上斜坡或上山,这样可以让你的心率上升得更快,并减少膝盖受到的压力。

② 上坡步行或跑步4分钟,让自己感到疲倦和喘不过气来。你的心率应该在4分钟的训练结束时达到最大心率的85%~90%。

③ 轻松散步3分钟。不能完全停下来。

④ 步行或跑步4分钟,强度与第2步相同,但现在你应该达到了理想的心率,中场休息2~3分钟。

⑤ 放松10分钟。

核心力量训练

整套训练进行2~3组。每两组之间休息2分钟,每两项练习之间休息30秒。

1 小腿上提。可在折叠梯或台阶上完成此动作。先尽可能放低脚跟,然后身体向上提,用脚前掌站立。重复10次。

2 硬拉。使用弹力带做硬拉动作。有些健康杂志把这种运动称为世界上最好的力量训练运动。它可以锻炼腿筋、臀大肌和背部肌群。站在弹力带上,调整好位置,屈膝俯身,背部挺直,双手握住弹力带把手并置于膝前。骨盆向前推,把身体拉直,双手放在大腿两侧站直。调整弹力带的松紧度,以保证你可以做12个。

3 肩部练习。以下从A到D的每项练习都重复10次。用弹力带锻炼肩膀和脖子。

A:**侧边提拉**。站在弹力带上,手臂向下伸直,双手放在大腿外侧。双手平举至与肩同高,肘部微微弯曲。坚持2秒钟,然后慢慢将手臂收回起始位置。小心不要向前或向后弯曲身体,当手臂达到肩膀高度时,一定要停止上举动作。调整好弹力带的阻力,以保证你可以做12个。

B:**双肘提拉**。站在弹力带上(交叉带子,将踩在左脚底的带子末端握在右手,反之亦然)。手臂放在大腿正前方,握住弹力带上的把手,慢慢抬起,直到拳头到达下巴下面,肘部略高于肩膀。坚持2秒钟,然后慢慢回到起始位置。重复12次。

C:站姿推肩。站在弹力带上,将把手举到肩膀的高度。向上伸直胳膊。手臂距离越宽,越难举起。调整好弹力带的阻力,重复12次。

D:坐姿转动。将弹力带固定在地面上。抬起手臂,肘部弯曲成90°。在整个运动过程中,转动肩关节将弹力带把手向头侧移动,同时保持与上臂相对位置不变。调整好弹力带的位置和阻力,以确保每只手臂可重复动作12次。

4 分腿蹲。双手放在脖子后方。单脚向前迈一大步,使后膝接近或者接触地面,然后前脚快速滑回到起始位置。换另一条腿重复这个动作。整套动作不间断地重复10次。

5 **背部伸展**。屈膝平躺,脚后跟尽可能地靠近臀部。通过将肚脐拉向脊柱方向来锻炼腹肌。然后用背部将臀部向上抬。保持这个抬起的姿势5秒,然后再回到初始位置。如果觉得这太简单,可以交替地抬起并伸展一条腿,同时保持抬起的姿势5~10秒。每条腿重复10次。

6 **坐姿臂屈伸或借助弹力带锻炼肱三头肌**。双臂后伸,撑在椅子或类似的东西上。慢慢地尽可能低地放低身体,随后慢慢地抬起身体。尽可能多地重复。做3组,每组之间休息30秒。

如果这个练习一开始做起来太难,可利用弹力带做下图所示的练习。一只手在背部的下方(即臀大肌上方)握住弹力带,另一只手从上面抓住弹力带。接下来,把上面的手臂伸直。调整好弹力带的位置,重复12次。换另一边。做3组,每组之间休息30秒。

7 **平板支撑**。手肘和手掌交替放置于地面,同时举起对侧手脚,放下后换另一边。保持1分钟。

8 **后背平板**。保持抬起的姿势30秒。

9 **肱二头肌锻炼**。肱二头肌是上臂前部的肌肉。找一个结实的栅栏、树干或类似的横杆,双手抓紧之后使身体呈平躺姿势。手臂尽量伸直,之后拉起躯干,让下巴越过杆。你可以通过使腿离杆更近或更远的方式来改变负重。重复10次。在第1组练习之后,休息1分钟,再进行下一组。

另一种训练肱二头肌的方法是使用弹力带。站在弹力带上,调整阻力,双手握住把手放在身体两侧,做向上屈臂动作。重复10次,做两组。练习时,肘部要靠近身体,躯干不要前后弯曲。

10 俯卧后抬腿。训练肩膀、腹部、腿部和背部肌肉。双脚触地,用前臂支撑重心。上体抬起45°,背部挺直,避免晃动。将左腿向后上方抬起,使肩、臀、腿在一条直线上,腿抬起后保持5秒。之后换右腿进行上述动作。左右交替进行。每条腿重复5次。

11 使用弹力带站立旋转。锻炼腹斜肌。将弹力带固定在合适的高度。侧向站立,双手握住弹力带,双臂伸直,斜向下拉伸。尝试不同的阻力,找到合适的强度,每边重复10次。

本动作也可以用侧身仰卧起坐代替。仰卧,双膝弯曲,左脚放在地板上,右脚放在对侧膝盖上。同时,双手置于后脑勺位置,左侧手臂伸出来,将左侧手肘移向右侧膝盖的方向,尽可能地靠近,坚持2~3秒。重复10次。换另一侧,重复上述动作。

12 **侧向平板支撑**。用肘部或伸直的手臂完成该动作。记住要集中注意力,使用正确的技巧,尽量使身体从正面、侧面和上面看都形成一条直线。每一次做动作时,保持这个姿势2~3秒,然后休息一会儿。每边各做2次,两轮之间休息30秒。如果觉得太轻松,用手或肘部开始动作,抬起上面的腿,让身体做出一个"大"字形。继续保持这个姿势3~5秒,每边重复10次。

13 **俯卧撑**。以膝盖着地或不着地的方式进行,还可以两种姿势交替进行。重复10次。

14 斜对角伸展。手和膝盖撑地。抬起左臂向前,同时抬起右脚向后。保持这个姿势2~3秒,然后休息1~2秒。休息时,肘部和膝盖应在躯干下方相碰,腹部收缩,下巴靠近膝盖方向。眼睛一直注视你的左手大拇指。每边重复10次。

如果以上训练你都做到了,那真是太棒了!洗个热水澡,体会一下这种美妙的感觉吧!

周三

耐力训练:朋友挑战日

邀请朋友们和你一起锻炼!选择一项涉及大肌肉群活动的动态运动(如散步、慢跑、游泳、越野、滑雪、壁球、五人制足球等),并且运动60分钟以上,运动强度维持在可以让你们进行正常对话的程度。

周五

耐力训练：欢乐跑20分钟

① 以舒适的速度热身10分钟。

② 以你觉得舒服的强度跑步或步行20分钟，但要比热身时的速度稍快一点，不要中途停下来。

核心力量训练

1 10个俯卧撑。膝盖伸直或弯曲皆可。

2 **15个深蹲。** 锻炼大腿前部（股四头肌）、臀部和固定肌。双手放在脖子后方，双脚分开，与肩同宽。保持背部挺直（向上或向前看，收紧腹部肌肉）。双腿弯曲，在不失去平衡的情况下尽可能向下蹲。缓慢向下蹲，但起身速度要相对较快。

3 **10个深蹲跳。** 动作与上面描述的深蹲动作相同，但是起身时要快速跳起。

周末

带更多的朋友一起运动，进行另一项涉及大肌肉群活动的"疯狂"运动。运动60分钟以上。

寻找PAI

你又完成了一周美妙的锻炼，PAI值至少存了100。请注意，如果你没有达到在前一周同一天获得的PAI值，那么要保持PAI值在100或以上，你就必须经常锻炼。

PAI起源

挪威HUNT研究是世界上以最多人群为调查基础的几项健康研究之一，从20世纪80年代中期至今已开展4次。共有约17万的男性、女性和青少年参加了此项调查。研究人员测量了他们的血压、身体构造水平、胆固醇水平和血糖以及他们的体育运动水平、是否有久坐习惯和数百种其他与健康相关的指标。

在第三次HUNT研究中，我的研究小组也用金标设备准确测量了近5000名男性和女性的健康状况。如前所述，基于这些运动测试数据，我创建了健康年龄计算器。此外，我还使用了大量同类型的信息来开发PAI算法。该研究认为PAI高分值与心血管疾病低患病风险有关联。

PAI原则

PAI公式基于下列锻炼事实：
1. 非常低强度的运动并不能增强体质。因此，只有你的运动达到一定的强度，才会得到PAI值。

    2. 总的运动负荷不仅取决于每周锻炼多少小时,还取决于锻炼强度。

    3. 高强度运动比中强度运动更能促进身体健康。因此,如果进行高强度运动,你将会更快地获得100PAI值。

    4. 当你从完全不运动转变到参加某种程度的体育活动时,会获得很大的健康益处。这就是为什么前50PAI值比后50PAI值更容易获取。

    5. 当健康水平提高时,静息心率就会降低。此外,健康状况越好,在任何特定的活动中的心率就会越低。因此,健康状况更好的人必须比身体不健康的人锻炼更多才能收获100PAI值。

    我用近5000名HUNT研究参与者的数据创建了PAI。然后,我对70000多名不同年龄和健康状况的男女进行了两次PAI对健康的影响的检查。结果会让你大吃一惊,你应该期待在这周的锻炼后能读到更多关于它们的内容。

接近健康年龄

第10周

周一

耐力训练:健康"助推器"#2

① 热身10分钟——慢跑或快走,让身体稍微出汗。最好是上斜坡或上山,这样可以让你的心率上升得更快,并减少膝盖受到的压力。

② 按照运动与休息时间比例17∶13进行5分钟间歇运动。这很容易理解,但是很难做到。选定一个活动项目,保持高强度(不是全力以赴,但要接近)活动17秒。然后进行13秒的积极休息(四处走动,但不要停下来)。重复10次。通常在6次之后,你的心率可接近最大心率的85%~90%,此时的你应该上气不接下气,以至于无法保持正常的对话。

③ 积极休息3分钟(四处走动以消除乳酸)。

④ 重复第2步。

⑤ 放松5分钟,准备开始力量训练。

核心力量训练

整套训练进行2~3组。每两组之间休息2分钟,每两项练习之间休息30秒。

1 **常规仰卧起坐**。屈膝平躺，双脚平放于地面。双臂交叉放在胸前，手碰反方向的肩膀（右手放在左肩上，左手放在右肩上）。先抬起头，然后抬肩膀。收紧腹部肌肉，慢慢地坐起来，其间保证脚不离地。保持这个姿势一会儿，然后慢慢地躺回去。如果你坐不起来，也没关系，只需让脚贴着地面，上身尽量离地，保持一会儿，然后慢慢地躺回地面。做10个。

2 **硬拉**。使用弹力带做硬拉动作。站在弹力带上，调整好位置，屈膝俯身，背部挺直，双手握住弹力带把手并置于膝前。骨盆向前推，把身体拉直，双手放在大腿两侧站直。做15个。

3 **超人**。像超人一样"飞"起来！趴在地上，尽可能地抬起你的上半身，同时抬起你的双腿。交替地将手臂移到身体两侧和前方，腿部采用自由泳打水动作。"飞行"5秒，然后休息5秒。重复7次。

4 **俯卧后抬腿**。训练肩膀、腹部、腿部和背部肌肉。双脚触地，用前臂支撑重心。上体抬起45°，背部挺直，避免晃动。将左腿向后上方抬起，使肩、臀、腿在一条直线上，腿抬起后保持5秒。之后换右腿进行上述动作。左右交替进行。每条腿重复5次。

5 **背部伸展**。屈膝平躺，脚后跟尽可能地靠近臀部。通过将肚脐拉向脊柱方向来锻炼腹肌。然后用背部将臀部向上抬。保持这个抬起的姿势5秒，然后再回到初始位置。如果觉得这太简单，可以交替地抬起并伸展一条腿，同时保持抬起的姿势5~10秒。每条腿重复10次。

6 肩部练习。以下从A到D的每项练习都重复10次。

A：侧边提拉。站在弹力带上，手臂向下伸直，双手放在大腿外侧。双手平举至与肩同高，肘部微微弯曲。坚持2秒钟，然后慢慢将手臂收回起始位置。小心不要向前或向后弯曲身体，当手臂达到肩膀高度时，一定要停止上举动作。

B：**双肘提拉**。站在弹力带上（交叉带子，将踩在左脚底的带子末端握在右手，反之亦然）。手臂放在大腿正前方，握住弹力带上的把手，慢慢抬起，直到拳头到达下巴下面，肘部略高于肩膀。坚持2秒钟，然后慢慢回到起始位置。

C：**站姿推肩**。站在弹力带上，将把手举到肩膀的高度。向上伸直胳膊。手臂距离越宽，越难举起。

D：**坐姿转动**。将弹力带固定在地面上。抬起手臂，肘部弯曲成90°。在整个运动过程中，转动肩关节将弹力带把手向头侧移动，同时保持与上臂相对位置不变。

多么美妙的感觉！新一周的训练开始了！

周三

耐力训练:朋友挑战日

邀请朋友们和你一起锻炼!选择一项涉及大肌肉群活动的动态运动(如散步、慢跑、游泳、越野、滑雪、壁球、五人制足球等),并且运动60分钟以上,运动强度维持在可以让你们进行正常对话的程度。

周五

耐力训练:4×4分钟健康"助推器"

① 热身10分钟,直到出汗。

② 步行或跑步4分钟,直到呼吸急促(心率达到你最大心率的85%)。

③ 轻松散步3分钟。

④ 步行或跑步4分钟,直到呼吸急促(心率达到你最大心率的85%~95%)。

⑤ 轻松散步3分钟。

⑥ 步行或跑步4分钟,直到呼吸急促(心率达到你最大心率的85%~95%)。

⑦ 轻松散步3分钟。

⑧ 步行或跑步4分钟,直到呼吸急促(心率达到你最大心率的85%~95%)。

⑨ 放松5分钟。

很好!

洗个澡,有什么感觉?

周末到了,尽情享受吧!

周末

做你最喜欢的健身活动或者尝试一项全新的低强度运动,持续60分钟以上。享受生活吧!

PAI和健康年龄

健康年龄是一个重要的数字。很明显,任何锻炼的主要目标都应该是降低健康年龄。使用PAI是一个很好的方法,可以确保身体年龄小于实际年龄。

PAI值越高越健康

我的研究表明,每周PAI值达到或高于100的人比那些少于100的人的健康水平更高。这种差异大到足以与临床相关,这意味着那些PAI值至少达到100的人理论上应该活得更长,并能最大限度地避免患上与生活方式相关的疾病,因为他们的身体状况更好。

然而,这不仅仅是一个理论。我的研究证实,那些每周运动时间足够使PAI值达到100的人通常会随着时间的推移长期保持健康状态。

保证达到你预期的健康年龄

一个有趣的问题是:每周应该做多少运动才能更有效地提高你的健康水平?说到PAI值,它似乎意味着没有极限,上不封顶。对于我们的研究参与者来说,每周PAI值高,则对应的真实健康指数也高。另一方面,不要失去耐心,每周PAI值达到100,你的健康之路会越走越宽。

事实上,每周PAI值达到100~150似乎可以让你的健康状况保持在同年龄层同性别人群的平均水平。还记得PAI值是如何和健康年龄相互适应匹配的吗?今天你为了获得100PAI值所做的运动可能不足以在一年后还能降低你的健康年龄。但是，由于PAI值是一种人性化的、适应性强的运动参考指标，所以当你的身体状况变得更好时，PAI值达到100就会变得更具挑战性。因此，只要你每周的PAI值保持在100以上，你的健康状况就会在很长一段时间内持续得到改善。

锻炼血管

心脏泵出的血液流经总长96500多千米的血管，这些血管连接着身体的各个器官。主动脉是最大的血管，它从心脏伸出，直径几乎和花园里浇水用的软管的一样大；而毛细血管是最小的血管，它非常细，只有一根头发的十分之一。每天，身体的血液被"运送"大约19000千米的路程，这几乎相当于中国东部到西部最大距离的4倍。

随着年龄的增长，体育活动可以一定程度地防止动脉硬化。因为在体育活动期间增加的血液流量会有规律地拉伸血管，使它们比不活动的人的血管保持更好的弹性。充满弹性的血管表明其具有良好的功能，可以为细胞提供充足的氧气和营养。动脉硬化还可能导致心理异常。例如，众所周知的血管性痴呆是由大脑血液循环不良而引起的疾病。所以，确保你的动脉每周通过体育活动被"冲洗"几次。

先锻炼,再躺沙发

第11周

周一

耐力训练：健康"助推器"#3

① 热身10分钟——慢跑或快走，让身体稍微出汗。最好是上斜坡或上山，这样可以让你的心率上升得更快，并减少膝盖受到的压力。

② 尽可能快地跑1分钟，如果很难持续1分钟，可以调整一下强度，但不要在1分钟结束前停下来。

③ 积极休息1分钟，四处走动。

④ 重复第2步和第3步，直到你完成了10个1分钟的高强度间歇运动。

⑤ 放松5分钟。

奖励自己一个淋浴/泡澡，一个小时后你会发现：感觉真棒！

周三

耐力训练：朋友挑战日

邀请朋友们和你一起锻炼！选择一项涉及大肌肉群活动的动态运动（如散步、慢跑、游泳、越野、滑雪、壁球、五人制足球等），并且运动60分钟以上，运动强度维持在可以让你们进行正常对话的程度。

周五

耐力训练：乐在其中

① 热身10分钟，以舒适的速度进行你最喜欢的活动。

② 跑步或步行10分钟，不要停，强度的维持对你来说会很有挑战性。如果你不得不停下来，那也是因为强度太高了。尽量坚持10分钟。

核心力量训练

整套训练进行2组。每两组之间休息2分钟,每两项练习之间休息30秒。

1 常规仰卧起坐。 屈膝平躺,双脚平放于地面。双臂交叉放在胸前,手碰反方向的肩膀(右手放在左肩上,左手放在右肩上)。先抬起头,然后抬肩膀。收紧腹部肌肉,慢慢地坐起来,其间保证脚不离地。保持这个姿势一会儿,然后慢慢地躺回去。如果坐不起来,也没关系,只需让脚贴着地面,上身尽量离地,保持一会儿,然后慢慢地躺回地面。做10个。

2 斜对角伸展。 手和膝盖撑地。抬起左臂向前,同时抬起右脚向后。保持这个姿势2~3秒,然后休息1~2秒。休息时,肘部和膝盖应在躯干下方相碰,腹部收缩,下巴靠近膝盖方向。眼睛一直注视你的左手大拇指。每边重复10次。

3 单人站姿划船。将弹力带直接固定在身体正前方。手臂伸直，向后拉，身体不要向后倾斜。调整好弹力带的阻力，重复15次。

4 肩部练习。以下从A到D的每项练习都重复10次。

A：侧边提拉。站在弹力带上，手臂向下伸直，双手放在大腿外侧。双手平举至与肩同高，肘部微微弯曲。坚持2秒钟，然后慢慢将手臂放回起始位置。小心不要向前或向后弯曲身体，当手臂达到肩膀高度时，一定要停止上举动作。

B: **双肘提拉**。站在弹力带上（交叉带子，将踩在左脚底的带子末端握在右手，反之亦然）。手臂放在大腿正前方，握住弹力带上的把手，慢慢抬起，直到拳头到达下巴下面，肘部略高于肩膀。坚持2秒钟，然后慢慢回到起始位置。

C: **站姿推肩**。站在弹力带上，将把手举到肩膀的高度。向上伸直胳膊。手臂距离越宽，越难举起。

D: **坐姿转动**。将弹力带固定在地面上。抬起手臂，肘部弯曲成90°。在整个运动过程中，转动肩关节将弹力带把手向头侧移动，同时保持与上臂相对位置不变。

5 硬拉。使用弹力带做硬拉动作。站在弹力带上,调整好位置,屈膝俯身,背部挺直,双手握住弹力带把手并置于膝前。骨盆向前推,把身体拉直,双手放在大腿两侧站直。调整弹力带的松紧度,以保证你可以做12个。

这周就到这里。你很快就会知道,即使你周末大部分时间都躺在沙发上,你也不用太担心PAI值。

PAI值达到100让你坐着就能健康

你知道久坐是一种致命的活动吗?25岁以后,你坐在电视机前的每一个小时都可能使你的寿命缩短22分钟。然而,健康水平和PAI值高可以抵消久坐造成的有害影响。

生而运动

数万年前,人类是狩猎者和采集者,完全依赖大自然生存,每天以不同的强度跑10千米以上是十分常见的。此外,他们必须具备良好的力量,以克服获取食物和将食物带回营地时遇到的障碍。因此,我们需要运动来保持健康,这已经写入了我们的遗传信息。

此外,获取食物的途径千差万别,基因发展是为了确保我们的身体能从食物中提取和储存尽可能多的能量。今天,我们的身体有着与数万年前的祖先们相同的基因,但每天的能量消耗却只有那时的几分之一,同时却非常容易获得高能量食物。目前,运动减少和久坐等不良生活方式导致高血压、肥胖等疾病大流行。我们坐着不动只会让自己吃出肥胖和其他疾病!

缺乏运动

全世界每年有500多万人因为缺乏运动而死亡。事实上,缺乏运动比吸烟更容易导致死亡,也是患上乳腺癌、结肠癌、糖尿病和心脏病的主要原因之一。

不运动带来的公共成本是巨大的,美国每年因此至少消耗1200亿美元,而欧洲是900亿欧元。在中国,不运动产生的公共成本占年度医疗和非医疗成本的15%以上,这显然给国家带来了巨大的经济负担。事实上,全世界70%的人进医院的原因都是缺乏运动、不健康的饮食和其他不良生活方式。研究人员计算过,如果每天多200万人进行15分钟的快走运动,那么每年可以为社会节省60亿美元。

久坐有害吗?

一项针对60岁健康老人的研究表明,每天坐6小时以上的人在未来14年内的死亡率比每天坐不到3小时的老人高出40%。包括年轻人在内的另一项研究显示,每天在电视机前坐4个多小时的人的死亡风险比每天只在电视机前坐2个小时的人高出50%,同时在未来4年看电视时间较长的人患心脏病的风险是较少者的两倍以上。

如果你必须长时间坐着工作,或者觉得自己不能错过最喜欢的电视节目,那么这些事实可能会让你感到沮丧,但我有一些好消息要告诉你!我的研究小组已经表明,健康水平高的老人可以想坐多久就坐多久,而不会增加患心脏病的风险。对于健康水平高的人来说,久坐并不比少坐更容易患上不良生活方式引起的疾病。研究中的许多老人几乎每天大部分时间都坐着不动。

PAI也是如此:如果你运动足够多,PAI值能达到100,那么即使你在一周余下的时间里坐很长时间,也不会增加患高血压、肥胖和高血糖等疾病的风险。实际上,我们对HUNT研究中的3万名年龄明显各异的健康人员进行了调查。发现100PAI值"低久坐行为"组与100PAI值"高久坐行为"组的患病风险等级相同。另一方面,PAI值为0的人患病的风险是每周PAI值达到100的人的两倍。

你是坐着读这篇文章的吗?是时候站起来,准备第12周的锻炼了。

锻炼大脑

大脑通常被视为控制身体其他部位的首要控制中心。经常锻炼身体的人,大脑衰老速度较慢,脑容量更大,学习能力和记忆力更好,患老年痴呆等神经系统疾病的风险更低。

我们出生时大约有1300亿个脑细胞,它们的生存依赖于运动和良好的血液循环,这样脑细胞才可以得到充足的氧气和适当的营养,进而保持更佳的发育进程和功能。大脑的健康与心血管系统的整体健康密切相关。像中风和心脏病这样的心血管疾病会增加老年痴呆和其他神经系统疾病的风险。此外,罹患心血管疾病的危险因素,如高血压、糖尿病、吸烟和缺乏运动,也被确定为罹患神经系统疾病的危险因素。

1分钟成功

第12周

周一

耐力训练:健康"助推器"#1

希望你已经为这次高标准的训练做好了准备。相信我:这是有效的,是一个真正的健康助推器,可以提高健康水平,让你达到更年轻的健康年龄。选择一个合适的活动并投入其中吧!

① 热身10分钟——慢跑或快走,让身体稍微出汗。最好是上斜坡或上山,这样可以让你的心率上升得更快,并减少膝盖受到的压力。

② 上坡步行或跑步4分钟,让自己感到疲倦和喘不过气来。你的心率应该在4分钟的训练结束时达到最大心率的85%~90%。

③ 积极休息3分钟。慢慢走或动一动,不要站着不动!

④ 尽可能快地跑1分钟,如果很难持续1分钟,可以调整一下强度,但不要在1分钟结束前停下来。

⑤ 积极休息1分钟,四处走动。

⑥ 尽可能快地跑1分钟。

⑦ 积极休息1分钟,四处走动。

⑧ 尽可能快地跑1分钟。

⑨ 积极休息3分钟。

⑩ 步行或跑步4分钟,在2~3分钟内,你的心率可以达到最大心率的85%~95%。

⑪ 积极休息3分钟。

⑫ 尽可能快地跑1分钟。

⑬ 积极休息1分钟,四处走动。

⑭ 尽可能快地跑1分钟。

⑮ 放松5分钟,准备力量训练!

核心力量训练

1 **平板支撑**。手肘和手掌交替放置于地面,同时举起对侧手脚,放下后换另一边。试着做1分钟。休息20秒,再重复之前的动作1次。

2. **侧向平板支撑**。用肘部或伸直的手臂完成该动作。记住要集中注意力,使用正确的技巧,尽量使身体从正面、侧面和上面看都形成一条直线。每一次做动作时,保持这个姿势2~3秒,然后休息一会儿。每边各做2次,两轮之间休息30秒。体力允许的话可以多做几组。如果觉得太轻松,用手或肘部开始动作,抬起上面的腿,让身体做出一个"大"字形。继续保持这个姿势3~5秒——尽可能多地重复这个动作(注意技巧)。

3. **后背平板**。保持抬起的姿势30~45秒,休息15秒,重复2~3次。

4 小腿上提。先尽可能放低脚跟,然后身体向上提,用脚前掌站立。重复10次。

5 硬拉。使用弹力带做硬拉动作。站在弹力带上,调整好位置,屈膝俯身,背部挺直,双手握住弹力带把手并置于膝前。骨盆向前推,把身体拉直,双手放在大腿两侧站直。调整弹力带的松紧度,以保证你可以做12个。休息30秒,再重复一次。

6 使用弹力带站立旋转。锻炼腹斜肌。将弹力带固定在合适的高度。侧向站立,双手握住弹力带,双臂伸直,斜向下拉伸。尝试不同的阻力,找到合适的强度,每边重复10次。休息20秒后,整体再重复一次。

　　本动作也可以用侧身仰卧起坐代替。仰卧,双膝弯曲,左脚放在地板上,右脚放在对侧膝盖上。同时,双手置于后脑勺位置,左侧手臂伸出来,将左侧手肘移向右侧膝盖的方向,尽可能地靠近,坚持2~3秒。重复10次。换另一侧,重复上述运作。

这一周是超级厉害的开始,准备好参与更多吧!

周三

耐力训练：朋友挑战日

邀请朋友们和你一起锻炼！选择一项涉及大肌肉群活动的动态运动（如散步、慢跑、游泳、越野、滑雪、壁球、五人制足球等），并且运动60分钟以上，运动强度维持在可以让你们进行正常对话的程度。这次要有创意，做些新鲜的运动。

周五

耐力训练：健康"助推器"#3

① 热身10分钟——慢跑或快走，让身体稍微出汗。最好是上斜坡或上山，这样可以让你的心率上升得更快，并减少膝盖受到的压力。

② 尽可能快地跑1分钟,如果很难持续1分钟,可以调整一下强度,但不要在1分钟结束前停下来。

③ 积极休息1分钟,四处走动。

④ 重复第2步和第3步,直到你完成了10个1分钟的高强度间歇运动。

⑤ 放松5分钟。

奖励自己一个淋浴/泡澡,一个小时后你会发现:感觉真棒!

PAI值达到100能获得更长的寿命

PAI值很容易追踪。前面提到过通过每周进行足够的锻炼来使PAI值达到100,可以降低罹患因生活方式而引起的几个疾病的风险。但是更重要的是,如果能将PAI值保持在100或更高,你很可能会比不这样做多活8年。

回到20世纪80年代

在发明PAI之后,我回顾了20世纪80年代的数据,想知道PAI关于未来健康状况的预测情况。第一次HUNT研究始于1984年,共有4万多人参与。所有的受访者都回答了与他们生活方式及运动习惯等有关的问题，以便研究者估计出他们所有人的PAI值。

然后我对参与者进行了长达30年的跟踪调查，而结果却令人震惊。所有年龄组的人，如果他们锻炼得足够多，每周PAI值不低于100，那么他们早死和死于心脏病的风险要低很多。事实上，每周PAI值至少为100的男性比PAI值较低的男性平均寿命长6年。每周保持PAI值至少100的女性平均寿命会增加4年。

此外，那些在未来10年将PAI值保持在100或更高的人享受到了更多的健康收益。他们的寿命比那些在未来10年中PAI值低于100的人长8年以上。

PAI为每个人所用

任何人似乎都能从每周的PAI值达到100中获益。我分析了健康的人同吸烟者、肥胖者、高血压患者、2型糖尿病患者和已有心血管疾病历史的患者的资料，发现PAI对这些疾病的预防效果都是一样的。每周PAI值达到100似乎可以将未来罹患因生活方式而引起的疾病的风险降低25%左右。

事实上，即使有心脏病或中风的患病史，你也一定要争取每周PAI值达到100。参与HUNT调查中的3000多名参与者在参加调查前患有心血管疾病，如果他们每周有足够的体育运动来使PAI值达到100，那么他们的预期寿命将比PAI值较低的人长5年。

什么时候开始都不晚

如果你认为你应该在很多年前就开始锻炼，那么你是对的。不过，即使你在开始这段旅程之前锻炼得太少，无法使PAI值达到100，也不用太担心，也许你开始的正是时候。

实际上,我已经研究了随着时间的推移,PAI值的增加如何影响个体未来的健康。我发现,那些从最初每周PAI值低于100增加到10年后至少达到100的人,与那些PAI值长期低于100的人相比,早逝的风险要低得多,他们的寿命平均增加了6年。

我相信,当我告诉你,每周PAI值达到100可以改善你的健康,并给你一个更光明的未来时,你一定会明白我如此自信的原因了。

运动——预防老年痴呆

体育运动已被证明是阿尔茨海默病(即老年痴呆)最有效的预防措施,比起所有其他可改变的风险因素如教育水平和饮食习惯,运动更有效。因此,最有希望预防这种神经系统疾病的"药物"似乎就是定期锻炼。所以,我们又多了一个保持活力和健康的好理由!

快实现目标了

第13周

周一

耐力训练:4×4分钟健康"助推器"

① 热身10分钟,直到出汗。

② 步行或跑步4分钟,直到呼吸急促(心率达到你最大心率的85%)。

③ 轻松散步3分钟。

④ 步行或跑步4分钟,直到呼吸急促(心率达到你最大心率的85%~95%)。

⑤ 轻松散步3分钟。

⑥ 步行或跑步4分钟,直到呼吸急促(心率达到你最大心率的85%~95%)。

⑦ 轻松散步3分钟。

⑧ 步行或跑步4分钟,直到呼吸急促(心率达到你最大心率的85%~95%)。

⑨ 放松5分钟。

做得不错!

核心力量训练

整套训练进行1~2组。每两组之间休息2分钟,每两项练习之间休息30秒。

1 **小腿上提**。先尽可能放低脚跟,然后身体向上提,用脚前掌站立。重复10次。

2 **硬拉**。使用弹力带做硬拉动作。站在弹力带上,调整好位置,屈膝俯身,背部挺直,双手握住弹力带把手并置于膝前。骨盆向前推,把身体拉直,双手放在大腿两侧站直。调整弹力带的松紧度,以保证你可以做12个。

3 肩部练习。以下从A到D的每项练习都重复10次。

A：侧边提拉。站在弹力带上，手臂向下伸直，双手放在大腿外侧。双手平举至与肩同高，肘部微微弯曲。坚持2秒钟，然后慢慢将手臂放回起始位置。小心不要向前或向后弯曲身体，当手臂达到肩膀高度时，一定要停止上举动作。

B：双肘提拉。站在弹力带上（交叉带子，将踩在左脚底的带子末端握在右手，反之亦然）。手臂放在大腿正前方，握住弹力带上的把手，慢慢抬起，直到拳头到达下巴下面，肘部略高于肩膀。坚持2秒钟，然后慢慢回到起始位置。

C：**站姿推肩**。站在弹力带上，将把手举到肩膀的高度。向上伸直胳膊。手臂距离越宽，越难举起。

D：**坐姿转动**。将弹力带固定在地面上。抬起手臂，肘部弯曲成90°。在整个运动过程中，转动肩关节将弹力带把手向头侧移动，同时保持与上臂相对位置不变。

4 **分腿蹲**。双手放在脖子后方。单脚向前迈一大步，使后膝接近或者接触地面，然后前脚快速滑回到起始位置。换另一条腿重复这个动作。整套动作不间断地重复10次。

5 **背部伸展**。屈膝平躺,脚后跟尽可能地靠近臀部。通过将肚脐拉向脊柱方向来锻炼腹肌。然后用背部将臀部向上抬。保持这个抬起的姿势5秒,然后再回到初始位置。如果觉得这太简单,可以交替地抬起并伸展一条腿,同时保持抬起的姿势5~10秒。每条腿重复10次。

6 坐姿臂屈伸或借助弹力带锻炼肱三头肌。双臂后伸,撑在椅子或类似的东西上。慢慢地尽可能低地放低身体,随后慢慢地抬起身体。尽可能多地重复。做3组,每组之间休息30秒。

如果这个练习一开始做起来太难,可利用弹力带做下图所示的练习。一只手在背部的下方(即臀大肌上方)握住弹力带,另一只手从上面抓住弹力带。接下来,把上面的手臂伸直。调整好弹力带的位置,重复12次。换另一边。做3组,每组之间休息30秒。

7 **肱二头肌锻炼。**肱二头肌是上臂前部的肌肉。找一个结实的栅栏、树干或类似的横杆,双手抓紧之后使身体呈平躺姿势。手臂尽量伸直,之后拉起躯干,让下巴越过杆。你可以通过使腿离杆更近或更远的方式来改变负重。重复10次。在第1组练习之后,休息1分钟,再进行下一组。

另一种训练肱二头肌的方法是使用弹力带。站在弹力带上,调整阻力,双手握住把手放在身体两侧,做向上屈臂动作。重复10次,做两组。练习时,肘部要靠近身体,躯干不要前后弯曲。

8 **俯卧后抬腿。**训练肩膀、腹部、腿部和背部肌肉。双脚触地,用前臂支撑重心。上体抬起45°,背部挺直,避免晃动。将左腿向后上方抬起,使肩、臀、腿在一条直线上,腿抬起后保持5秒。之后换右腿进行上述动作。左右交替进行。每条腿重复5次。

9 **使用弹力带站立旋转。**锻炼腹斜肌。将弹力带固定在合适的高度。侧向站立,双手握住弹力带,双臂伸直,斜向下拉伸。尝试不同的阻力,找到合适的强度,每边重复10次。

本动作也可以用侧身仰卧起坐代替。仰卧,双膝弯曲,左脚放在地板上,右脚放在对侧膝盖上。同时,双手置于后脑勺位置,左侧手臂伸出来,将左侧手肘移向右侧膝盖的方向,尽可能地靠近,坚持2~3秒。重复10次。换另一侧,重复上述动作。

10 **单人站姿划船。**将弹力带直接固定在身体正前方。手臂伸直,向后拉,身体不要向后倾斜。调整好弹力带的阻力,重复15次。

11 弹力带推胸

弹力带推胸。这项运动对胸部肌肉有好处。双臂打开,肘部微微弯曲。双臂向前推,直到双手相碰,然后慢慢地回到起点。调整好弹力带的阻力,重复12次。

如果你做完了这些练习,那真是太棒了!冲个热水澡,体会一下这种美妙的感觉吧!内啡肽——这种能带来快乐的化学物质,现在正在你的体内沸腾!享受这种感觉吧!

周三

耐力训练：朋友挑战日

邀请朋友们和你一起锻炼！选择一项涉及大肌肉群活动的动态运动（如散步、慢跑、游泳、越野、滑雪、壁球、五人制足球等），并且运动60分钟以上，运动强度维持在可以让你们进行正常对话的程度。

周五

耐力训练：欢乐跑20分钟

① 以舒适的速度热身10分钟。

② 跑步或步行20分钟，不要停留在你觉得舒服的强度上，要比热身时的速度稍快一点。

核心力量训练

整个运动计划进行2组。每项练习之间休息30秒,每组练习之间休息2分钟。

1 10个俯卧撑。膝盖伸直或弯曲皆可。

2 15个深蹲。锻炼大腿前部(股四头肌)、臀部和固定肌。双手放在脖子后方,双脚分开,与肩同宽。保持背部挺直(向上或向前看,收紧腹部肌肉)。双腿弯曲,在不失去平衡的情况下尽可能向下蹲。缓慢向下蹲,但起身速度要相对较快。

3 10个深蹲跳。动作与上面描述的深蹲动作相同,但是起身时要快速跳起。

4 超人。像超人一样"飞"起来。趴在地上,尽可能地抬起你的上半身,同时抬起你的双腿。交替地将手臂移到身体两侧和前方,腿部采用自由泳打水动作。"飞行"5秒,然后休息5秒。重复7次。

5 单人站姿划船。将弹力带直接固定在身体正前方。手臂伸直,向后拉,身体不要向后倾斜。调整好弹力带的阻力,重复15次。

6 弹力带推胸。这项运动对胸部肌肉有好处。双臂打开,肘部微微弯曲。双臂向前推,直到双手相碰,然后慢慢地回到起点。调整好弹力带的阻力,重复12次。

周末

又到了几周前设计的越障训练的环节了。带着你的家人、邻居或朋友,去参加越障训练,以提高你的灵活性、平衡性和协调性,这些训练还能使你的心脏、血管、肌肉和大脑的功能得到锻炼。很有趣!赶紧开始吧!

PAI比其他运动建议都要好

前面已经说过,为什么与那些要求计算每天步数或运动时间的建议相比,PAI值是一个更有吸引力的衡量指标。事实上,我的研究表明,PAI优于世界各地卫生组织给出的一般建议。

你应该有多活跃?

大多数卫生组织建议成年人每周至少进行150分钟中等强度的运动或75分钟的剧烈运动。也可以做任何适度或剧烈运动的组合,以接近相同的总能量消耗。大多数运动权威人士认为,每周至少要进行两次肌肉强化运动。

大量研究表明,遵循体育锻炼建议的人患与生活方式相关疾病的风险较低。和那些不经常运动的人相比,他们更长寿,更能享受自立的生活。每周PAI值取得100的习惯将会延长你的寿命,但是坚持官方的健康建议也会起到同样的效果。那么,是什么让我如此笃信PAI是更好的健康运动标准呢?

PAI更优越

PAI值达到100与卫生组织通常建议的运动水平之间存在很大的差别。PAI更重视高强度活动!越来越多的研究表明,即使是每周做几分钟的剧烈运动,在降低患病风险方面也至少能达到与一般建议相同的效果。因此，用PAI来衡量，如果运动强度足够高，那么你只需要每周锻炼40分钟。我说的"足够高"是指运动时心率能达到最大心率的85%~95%的程度，这个强度你们现在应该很熟悉了。相比之下，如果你运动时的心率是适中的，那么每周做一般建议要求的150分钟运动，你只会得到大约40的PAI值。这意味着如果你按PAI的标准运动，那么即使不按卫生组织的建议锻炼，你也可能使PAI值达到100。当然你也可以按照卫生组织的建议进行锻炼，但结果PAI值可能远远低于100。我的研究清楚地表明，即使那些没有达到卫生组织制定的运动标准的人，如果他们每周PAI值达到100或更高，也能降低早亡的风险。此外，那些遵循卫生组织的活动建议的人，如果他们每周PAI值少于100，患病风险并不会降低。

只有20%~30%的成年人符合目前卫生组织提出的体育活动要求。此外,我们大多数人每天坐10个小时以上。我相信PAI能够帮助所有人克服进行体育运动的一些主要障碍。PAI具有激励作用,易于测量,具有灵活性好和时间效率高的特点,而且和其他活动标准相比,它对健康的有益影响更大。

14周健康年龄锻炼计划的最后一周即将到来。当你完成后,我将告诉你需要做什么来跟踪你自己的PAI值,并如何成为自己的智能私人教练。

运动与精神健康

现在有充分的资料证明,体育运动在预防心理健康问题和促进心理疾病好转方面具有积极作用。虽然作用机理还不清楚,但部分原因可能是运动能使大脑产生使人快乐的化学物质,从而让你充满活力,进而达到健康高潮。其中一些引起快乐的化学物质的成分让人联想到吗啡,这些化学物质被发现并研发,现已被用于治疗疼痛和抑郁。这是身体自己产生的"药物",所以可以说,这种"药物"是完全免费的,并且没有副作用。

迎接你的健康年龄

第14周

周一

耐力训练:健康"助推器"#2

① 热身10分钟——慢跑或快走,让身体稍微出汗。最好是上斜坡或上山,这样可以让你的心率上升得更快,并减少膝盖受到的压力。

② 按照运动与休息时间比例17:13进行5分钟间歇运动。这很容易理解,但是很难做到。选定一个活动项目,保持高强度(不是全力以赴,但要接近)活动17秒。然后进行13秒的积极休息(四处走动,但不要停下来)。重复10次。通常在6次之后,你的心率可接近最大心率的85%~90%,此时的你应该上气不接下气,以至于无法保持正常的对话。

③ 积极休息3分钟(四处走动以消除乳酸)。

④ 重复第2步。

⑤ 放松5分钟,准备开始力量训练。

核心力量训练

1 **平板支撑**。手肘和手掌交替放置于地面,同时举起对侧手脚,放下后换另一边。试着做1分钟。休息20秒,再重复之前的动作1次。

2 **侧向平板支撑**。用肘部或伸直的手臂完成该动作。记住要集中注意力,使用正确的技巧,尽量使身体从正面、侧面和上面看都形成一条直线。每一次做动作时,保持这个姿势2~3秒,然后休息一会儿。每边各做2次,两轮之间休息30秒。体力允许的话可以多做几组。如果觉得太轻松,用手或肘部开始动作,抬起上面的腿,让身体做出一个"大"字形。继续保持这个姿势3~5秒——尽可能多地重复这个动作(注意技巧)。

3 后背平板。保持抬起的姿势30~45秒，休息15秒，重复2~3次。

4 俯卧撑。以膝盖着地或不着地的方式进行，还可以两种姿势交替进行。休息1分钟后再重复这个练习。尽可能多地重复动作。

5 **硬拉**。使用弹力带做硬拉动作。站在弹力带上,调整好位置,屈膝俯身,背部挺直,双手握住弹力带把手并置于膝前。骨盆向前推,把身体拉直,双手放在大腿两侧站直。调整弹力带的松紧度,以保证你可以做12个。

6 **斜对角伸展**。手和膝盖撑地。抬起左臂向前,同时抬起右脚向后。保持这个姿势2~3秒,然后休息1~2秒。休息时,肘部和膝盖应在躯干下方相碰,腹部收缩,下巴靠近膝盖方向。眼睛一直注视你的左手大拇指。每边重复10次。

美好的一周开始了!

周三

耐力训练:朋友挑战日

邀请朋友们和你一起锻炼!选择一项涉及大肌肉群活动的动态运动(如散步、慢跑、游泳、越野、滑雪、壁球、五人制足球等),并且运动60分钟以上,运动强度维持在可以让你们进行正常对话的程度。

周五

耐力训练:4×4分钟健康"助推器"

① 热身10分钟,直到出汗。

② 步行或跑步4分钟,直到呼吸急促(心率达到你最大心率的85%)。

③ 轻松散步3分钟。

④ 步行或跑步4分钟,直到呼吸急促(心率达到你最大心率的85%~95%)。

⑤ 轻松散步3分钟。

⑥ 步行或跑步4分钟,直到呼吸急促(心率达到你最大心率的85%~95%)。

⑦ 轻松散步3分钟。

⑧ 步行或跑步4分钟,直到呼吸急促(心率达到你最大心率的85%~95%)。

⑨ 放松5分钟。

做得真棒!

让血液随着笑声流动

开怀大笑比温暖的灵魂更有益处——它会使动脉产生一种叫作一氧化氮的物质,该物质可以让血管得到放松。一氧化氮可以保护心脏,是几种心血管药物的重要成分。开怀大笑后,血流量的增加最多可持续45分钟。

你的身体比实际年轻吗?

是时候得到答案了。如果你一直坚持14周的健康年龄锻炼计划，并坚持到最后，那么你的身体应该比你开始时年轻很多。本周重复体能和力量测试，以巩固你的成果。记得保存你的分数，并定期对自己进行体能测试。

周一

体能测试

以慢到中等的速度热身20分钟。然后以从低到高的速度运动10分钟，直到感觉热、出汗，为耐力测试做好准备。接下来的测试应该持续10分钟。

用尽全力！

　　　　尽可能快！

记录下你的成绩吧！

放松5分钟。

周三

功能性力量训练

1 **俯卧撑**。使用与之前训练相同的技巧——膝盖伸直或弯曲皆可,也可以靠着栅栏或墙进行。尽可能多地重复动作。

2 **平板支撑**。手肘和手掌交替放置于地面,这取决于你此前的习惯。尽可能久地保持这个姿势。

3 **后背平板**。尽可能久地保持这个姿势。

4 静态深蹲。把动作做标准。

5 常规仰卧起坐。屈膝平躺，双脚平放于地面。双臂交叉放在胸前，手碰反方向的肩膀（右手放在左肩上，左手放在右肩上）。先抬起头，然后抬肩膀。收紧腹部肌肉，慢慢地坐起来，其间保证脚不离地。保持这个姿势一会儿，然后慢慢地躺回去。如果你坐不起来，也没关系，只需让脚贴着地面，上身尽量离地，保持一会儿，然后慢慢地躺回地面。尽可能多做些。

周五

静息心率

你可以在一个安静放松的环境中平躺10分钟,之后使用心率监测器测量所得的最低每分钟脉搏数就是静息心率。也可在躺下后,用两根手指按住脖子任一侧的动脉30秒,记录脉搏跳动次数,然后乘以2,从而得到静息心率。

大多数腕式心率监测器可以24小时连续测量你的心率,测量的最低记录值即为你的静息心率。

身体质量指数(BMI)

你的身体质量指数相比过去14周有变化吗?计算BMI的公式是

$$BMI = \frac{体重(千克)}{[身高(米)]^2}$$

例如,一个体重90千克,身高1.75米的人,BMI是 $\frac{90}{1.75 \times 1.75} \approx 29.4$。

BMI<18.5,为体重过轻;18.5≤BMI≤24.9,为正常体重;25.0≤BMI≤29.9,为超重;BMI≥30,为肥胖。

腰围

建议男性腰围不超过94厘米,女性腰围不超过80厘米。要检查这个锻炼计划是否降低了腹部有害脂肪的水平,可以测量腰围。正常呼吸,在正常呼气后用卷尺测量肚脐位置腹部的周长。重复2~3次,取平均值。

测试你的健康年龄

你现在的身体比刚开始这个项目时年轻了多少岁?我相信www.worldfitnesslevel.org上的健康年龄测试结果会让你会心一笑。

PAI让你成为自己的私人教练

做得真棒!你已经完成了降低健康年龄的14周之旅。我相信你已经明白了为什么锻炼如此重要——不仅是为了提高身体素质,而且是为了过上更健康、更快乐、更丰富、更聪明的生活。但是,真正的旅程才刚刚开始。现在是时候把你在过去几个月里成功实施的锻炼习惯培养成终身习惯了,我真的想不出比跟踪你的PAI值更好的锻炼方法了。

PAI是免费且可以随时访问的

PAI反映运动强度的唯一指标是心率。使用PAI,所需要做的就是连续测量心率,或者至少在锻炼期间测量心率。所以你还需要一个免费的PAI应用程序,可以从应用软件(如App Store或Google Play)中下载。越来越多的健身追踪装置可以和PAI配对,你可以在 www.ntnu.edu/cerg/pai 上查看当前支持PAI的健身追踪装置更新列表。PAI应用

程序也可以与任何具有蓝牙功能的心率监测器配合使用。我的目标是,在未来几年内,让所有的健身追踪装置和心率监测器都能轻松测量PAI值。

PAI让你轻松成为自己的私人教练。如果你手腕上或智能手机上PAI值是100或更高的话,那么表明你的身体已经足够活跃了。如果PAI值读数低于100,那么你可以通过增加锻炼来降低自己的患病风险。我之前没有提到过这一点,我的研究表明,即使那些每周PAI值达到50的人,也比那些不运动的人更健康。因此,如果PAI值达到100现在对你来说似乎是不可能的,那么你将会有很长的路要走,你可以先把目标定为50,并在努力一段时间后达到100。

有了PAI的帮助,你做什么类型的活动都不重要——你可以走路、跑步、骑车、划船、游泳或滑雪,关键是运动中你的心率有多高。

最后,谢谢你阅读这本书。我希望它给你带来了改变,一个持久的改变。记住:每周PAI值达到100会让你永远比实际上更年轻。

致　　谢

　　当然,我一个人不可能完成健康年龄计算器和个人运动智能(PAI)系统的创建。我的研究小组对这项工作做出了巨大贡献,我要特别感谢研究员贝杰·尼斯(Bjarne Nes)和贾娃达·诺曼(Javaid Nauman)。贝杰在创建健康年龄计算器和PAI系统方面发挥了重要作用,而贾娃达在验证健康年龄和PAI指数是健康的重要预测因子方面做出了重要贡献。还要感谢安德斯·瑞维德(Anders Revdal)对整部书稿的组织和整理。

　　想及时了解关于健康年龄、PAI和我的其他研究的最新信息,可以访问心脏运动研究小组的网站www.ntnu.edu/cerg。

　　PAI系统是在挪威科技大学(www.ntnu.edu)发明的,现在已与华米科技(www.huami.com)和PAI Health(www.paihealth.com)合作,并进行了全球推广和商业化。

　　本书所有照片均由挪威特隆赫姆的Berre Communications公司(Berre.no)拍摄。